FLUCTUACIONES ECONOMICAS EN OAXACA DURANTE EL SIGLO XVIII

CENTRO DE ESTUDIOS HISTORICOS

NUEVA SERIE 29

Rodolfo Pastor
Lief Adleson
Erika Berra
Flor Hurtado
Josefina MacGregor
Guillermo Zermeño

Fluctuaciones económicas en Oaxaca durante el siglo XVIII

coordinación:
Elías Trabulse

El Colegio de México

Primera edición (2,000 ejemplares) 1979

Camino al Ajusco 20, México 20, D. F.

Impreso y hecho en México
Printed and made in Mexico

ISBN 968-12-0009-8

Indice

Presentación

El presente estudio fue resultado de un Seminario de Estadística aplicada a la historia cuantitativa llevado a cabo durante el año de 1977 en el Centro de Estudios Históricos. Fue un trabajo primordialmente colectivo en el que se emplearon técnicas de trabajo y métodos de cómputo bastante rigurosos. La fase final de este estudio, sin duda la más difícil y compleja, fue llevada a cabo por Rodolfo Pastor, quien elaboró el manuscrito original que, después de varias críticas y revisiones realizadas en el Seminario, terminó en la versión definitiva que es la que aquí presentamos.

En la preparación de este trabajo contamos con la valiosa ayuda de Rosa María Rubalcava de la Unidad de Cómputo de El Colegio de México, quien constante y pacientemente resolvió muchos de nuestros problemas y aclaró nuestras dudas. Asimismo hemos de agradecer a la Dra. Josefina Z. Vázquez, directora del Centro de Estudios Históricos, el haber estimulado tanto la formación del seminario como la publicación de sus resultados.

Elías Trabulse

Introducción

Desde hace ya varios años se están trabajando los diezmos novohispanos y la contabilidad de las rentas eclesiásticas como fuentes para la historia de la economía agrícola. Contamos con varios trabajos, entre los que cabe resaltar la tesis doctoral inédita de Arístides Medina Rubio sobre los diezmos poblanos, "Elementos para una economía agrícola: Puebla".[1] Existen además varios estudios institucionales que exploran las posibilidades de la fuente.[2]

[1] Esta tesis fue presentada en El Colegio de México en 1974. Contiene un valioso estudio institucional del diezmo poblano (su recaudación y distribución); un análisis de los datos cuantitativos y algunas sugerencias sobre la función del diezmo en la economía novohispana. Fue el primer estudio de este tipo en México. Subsecuentemente se han escrito varias tesis de licenciatura, especialmente sobre los diezmos de Michoacán, bajo la dirección de Enrique Florescano, algunas de las cuales han sido publicadas por el Departamento de Investigaciones Históricas del INAH. Cecilia Rabell estudia los diezmos de San Luis de La Paz; Flor Hurtado los de Dolores Hidalgo y Silvia Galicia los "Precios y Produción en San Miguel el Grande" Estas monografías, naturalmente son más limitadas. Lidia Espinoza en su trabajo en curso, "La Estructura de la Producción Agrícola en Michoacán", intenta hacer además una estructuración de los diezmatarios y una geografía agrícola del obispado.

[2] Borah, Woodrow: "The Collection of Tithes in the Bishopric of Oaxaca during the Sixteenth Century", *Hispanic American Historical Review*. Vol. 21, Agosto 1941, pp. 386-409; Borah, Woodrow: "Tithe Collection in the Bishopric of Oaxaca: 1601-1867", *H.A.H.R.* Vol. 29, Noviembre 1949, pp. 498-517; Medina Rubio, Arístides: *op. cit.* Ambos autores estudian extensivamente la institución del diezmo partiendo de la *Recopilación de Leyes de Indias, La Política Indiana* de Solórzano y Pereyra y la *Historia de la Real Hacienda* de Fonseca y Urrutia; ambos utilizan también las Actas Capitulares de las catedrales cuyas rentas estudian. Véase también, Costeloe, Michael: "The Administration, Collection and Distribution of Tithes in the Arch Bishopric of Mexico, 1800-1860", *The Americas*. Vol. XXIII, Julio 1966, pp. 1-27. Los documentos decimales del Archivo de la Catedral de Oaxaca (en adelante ACO) se consultaron en la microfotografía en la Biblioteca del Museo Nacional de Antropología e Historia (BMNAH).

Los libros de Clavería* y otros documentos del Archivo del Obispado de Oaxaca, con excepción de los mapas de diezmos del Antiguo Obispado de Michoacán, contienen la información decimal más rica conocida hasta ahora. Este material podría permitir una reconstrucción de los vaivenes de la producción agrícola del Obispado en el siglo XVIII, ya que se presta a un tratamiento serial. El propósito de este trabajo es examinar las características y el potencial de esta fuente para la historia socio-económica, desglosando los problemas de comprensión y manejo de los datos en el proceso de su estudio concreto.

En el estudio de los diezmos, el supuesto teórico principal es que el 10% de la cosecha bruta, que hipotéticamente representa el diezmo, es un indicador de la producción. No se pretende aquí calibrar la exactitud del diezmo como indicador, pero los primeros trabajos han servido para corroborar que es lo suficientemente sensitivo como para indicar crisis coyunturales y tendencias a largo plazo.

De inmediato surgen múltiples problemas históricos: ¿en qué precisamente consistía el diezmo novohispano? ¿cómo evolucionó la institución? ¿qué es exactamente lo que se registra en los diferentes tipos de documentos, mapas, cuadernos, libros de balance de la tesorería episcopal, etc.? Para el historiador –entrenado más bien como humanista– parece además difícil el manejo de datos tan abundantes ¿qué procedimientos estadísticos son los más indicados? ¿qué variedad de manipulaciones es necesaria?

No intentamos responder, definitivamente, a todas estas preguntas. Esbozaremos solamente la evolución del diezmo eclesiástico en Oaxaca y trataremos los problemas técnicos que afrontamos con los datos que ofrecen los libros de Clavería del Obispado.

* Clavería era la tesorería episcopal.

Orígenes de la institución

El diezmo se impuso a la Europa medieval como la forma más viable de financiar el creciente aparato eclesiástico ligado a la administración pública; se trasplantó al Nuevo Mundo con las primeras semillas y ganados. Como toda institución, sufrió cambios importantes en el proceso de su traslado y adecuación a las nuevas circunstancias. "Por haberse descubierto y adquirido aquel mundo nuevo . . . edificado y dotado en él las iglesias" a costa de su majestad, tanto como "por haberlo concedido por Bulas" los pontífices, el diezmo del Nuevo Mundo fue donado por la Iglesia a la Corona, que en cambio se hizo cargo con el "real patronazgo" de la evangelización indiana.[3]

Este arreglo único sufriría posteriormente una serie de complejas modificaciones que se reflejan en el voluminoso cuerpo de la legislación respectiva. La secuencia de esas modificaciones configuran un proceso general a través del cual la Iglesia recupera, gradualmente, la contribución. Ya en 1512 el diezmo indiano fue redonado a las catedrales, quedando la recolección y administración a cargo de los Oficios Reales mientras el monto recolectado no fuese suficiente para el sostenimiento de las iglesias. Pero fue todavía Hernán Cortés quien informó al Rey sobre el manejo de los diezmos novohispanos en 1524.[4]

Los diezmos –en general– seguirían siendo administrados por el Estado durante otro medio siglo. Pero después de 1570 los conflictos en torno a la administración de los fondos, entre los oficiales de la corona y los Obispos

[3] *Recopilación de Leyes de Indias*, Madrid 1791, p. 36. Véase también Medina Rubio, *op. cit.*, pp. 59-70.

[4] *Recopilación* . . . pp. 14 y 44, Borah, "Recollection of . . .", p. 391 y Costeloe, *op. cit.*, p. 1.

y sus cabildos, decidieron a la corona a dejar en manos de las iglesias los asuntos decimales. El Rey conservó solamente sus novenos simbólicos, absolviéndose de la obligación del patrocinio económico.[5]

La legislación relativa al diezmo refleja esta evolución institucional. Antes de 1571 las Cédulas Reales mandaron hacer la recolección en forma determinada: repartieron la carga y el beneficio. El Rey interviene en la erección y sostenimiento de las iglesias y hasta en los detalles mínimos de la repartición de la renta decimal. Ordenó por ejemplo "... que las partes de los diezmos que pertenecen a las Fábricas de las Iglesias se entreguen a sus mayordomos para que la gasten en cosas necesarias a dichas iglesias y les rogamos a los Arzobispos y Obispos que no se entrometan en cobrarla ni gastarla ..." [6]

Hacia fines del siglo XVI hubo un cambio sensible en el tono de la legislación. La corona no desaparece del escenario. Todo lo contrario, insiste una y otra vez sobre que: los Obispos se nombren "por nuestra presentación al Santo Padre"; que "las dignidades canonijías, raciones y medias raciones se prevean" por presentación del Rey a los prelados y que los curas doctrineros y mayordomos se nombren "conforme al patronazgo". Pero claramente la injerencia estatal es más tangencial con respecto a la administración eclesiástica interna.[7] Se solicita reiteradamente a los Obispos "que visiten las cuentas de las fábricas y los hospitales", pero la orden misma de supervisar las cuentas contrasta con la anteriormente citada sobre "que no se entrometieran en su administración".[8]

Este cambio en la actitud de la legislación en el último tercio del siglo corresponde al cambio administrativo-institucional. Casi simultáneamente se generalizó en Nueva España la administración episcopal del diezmo. Aprovechando la legislación anterior, las iglesias novohispanas asumieron el control directo de sus rentas decimales en las últimas tres décadas del siglo. Desarrollaron, a partir de entonces, un aparato y un sistema administrativo; establecieron procedimientos de recolección y distribución y comenzaron a llevar un control contable. Aunque al principio todo ello fuese muy rudimentario, la tesorería episcopal (Clavería) fue desde su inicio un sistema equiparable, si no es que superior, al sistema fiscal de la corona. Con el tiempo mejoró su organización y la contabilidad se volvió más sofisticada. Esta mayor eficiencia sin duda repercutió en los costos de administración y por lo mismo en el volumen de las rentas netas,[9] de modo que será necesario estudiarlas para evaluar el sentido de las curvas de valor decimal.

[5] *Recopilación* ... p. 14.
[6] *Ibid.*, p. 13; Borah, "The Collection ...", p. 390.
[7] *Recopilación* ... pp. 37-39 y 46-47.
[8] *Ibid.* p. 15, 32 y 51-52.
[9] Medina Rubio, *op. cit.*, p. 178; Borah, "The Collection ...", p. 393; y "Libros en que se asientan las partidas de diezmos ..." (1624-1635), ACO, BMNAH, Serie Oaxaca, rollo 74-75.

En el caso de Oaxaca, el Obispado asumió el control directo de sus diezmos en 1581 cuando la suma total percibida llegó a los 7 353 pesos. Por contraste puede observarse que ese mismo año el diezmo poblano sumaba cerca de 37 mil pesos, o sea cinco veces más. La diferencia ilustra vivamente los desiguales desarrollos de ambas zonas.

Por lo menos hasta 1634 se registró la entrada del diezmo a la caja oaxaqueña con sólo una especificación rudimentaria de lo correspondiente a cada partida. Casi hasta la cuarta década del siglo XVII subsistió un doble sistema de recolección. Los diezmos de españoles se subastaban públicamente divididos en seis bloques: los "excusados" de cada una de las "4 Villas" (Oaxaca, Tehuantepec, Villa Alta y Coatzacoalcos) por separado,* el de la "Costa Norte" (compuesta por lo que es hoy día el sur de Veracruz y el occidente de Oaxaca), y el centro, que comprendía parte de lo que es Guerrero y el resto de Oaxaca. Los diezmos indígenas de los Valles centrales y de la Mixteca eran recolectados directamente por uno de los prebendados del Cabildo, sorteado para hacer el recorrido anual por los pueblos. Sumadas estas partidas de diezmos indígenas constituían en el siglo XVI la mayor parte de la renta total. Todo ello se registraba, en un solo Libro de Cargo y Descargo junto con las "Reparticiones" del líquido resultante, en el que la información de cada año ocupa una media docena de folios.

El sistema rendía un ingreso adecuado para las necesidades del Obispado, pero implicaba duplicación de gastos de administración puesto que en los alquileres de los diezmos de españoles se descontaban naturalmente "las costas" de recolección de los "Beneficiados".

Si recordamos que su diezmo era mucho menor que el de Puebla parece lógico que el sistema administrativo se desarrollara más lentamente en Oaxaca. Medina Rubio, sin embargo, no considera formada la administración decimal poblana hasta que el Obispo Palafox establece en 1645 ordenanzas que reglamentaban el modo de recolección y distribución de las rentas decimales. Para esa fecha parecen haberse establecido procedimientos similares en Oaxaca.[10]

* Los excusados eran diezmos destinados a un propósito específico pero todavía obscuro. Lo importante es que no eran exenciones.

[10] Medina Rubio, *op. cit.*, p. 103. Desgraciadamente parecen haberse perdido los libros de diezmos oxaqueños de 1635 a 1693. Para esta última fecha los libros especifican regiones y productos con un formato muy elaborado que permanecerá inalterado hasta 1781. Quizás las Actas del Cabildo permitan un estudio más detallado del desarrollo de la maquinaria decimal en el siglo XVII. Véase también Borah, "Tithe Collection . . .", pp. 502-507.

La constitución del diezmo novohispano

Antes de adentrarnos más en el siglo XVII debemos considerar la composición tanto humana como material del diezmo. Aunque la contribución era teóricamente un diez por ciento de todo lo producido, unos cuantos productos (el azúcar, la sal) pagaban tasas diferentes, inferiores y siempre fijas.

En el siglo XVI se discutió ampliamente quién debía diezmar, qué productos y en qué cantidad.[11] Entre 1529 y 1544, los indígenas, por su "sencillez" y dado que "no convenía" al propósito de su evangelización, estuvieron teóricamente exentos. Debían contribuir sólo indirectamente a través de un 10% de sus tributos que cedían el Rey y los encomenderos a la Iglesia. A cambio de esta gracia los indios estaban obligados a transportar dicho 10% a los puntos centrales de recolección del tributo especificados en las tasaciones. En realidad Borah demuestra cómo, al menos en Oaxaca, este porcentaje de tributos constituía casi la totalidad de los ingresos decimales del Obispado todavía en 1571.[12] La producción española era insignificante.

Este hecho no impidió que se desarrollara una importante polémica, durante la primera mitad del siglo XVI, en torno a "la exención" de los indígenas. Atacada la exención por los Obispos se tuvo que ordenar, en 1536, que continuara vigente mientras no se resolviera otra cosa. En una carta al rey –que unos autores califican de muy objetiva y otros de tenden-

[11] Para una discusión extensa de la composición del diezmo y los productos que diezman, véase el capítulo III de Medina Rubio, *op. cit.*, pp. 56-122. En cuanto al 10% que diezma el tributo indígena, véase *Ibid.* p. 85 y el análisis que hace Borah en "The Collection . . ." p. 395. Medina Rubio habla de un diezmo indígena "por capitación"; se trata de una confusión del 10% en tributos conmutado en dinero.

[12] Borah, "The Collection . . .", pp. 339-400.

ciosa–, dos Obispos de Guatemala, Oaxaca y México pedían la revocación de la exención con respecto a los bienes "de Castilla" que produjesen los indígenas. A raíz de ésta y de una decisión del Virrey Mendoza, se ordenó en 1544 cobrar a los indios el diezmo de "seda, trigo y ganados", obligándose a la iglesia a recolectarlos directamente por "escusar molestias a los indios".[13]

Los frailes se opusieron violentamente a esta decisión, arguyendo que de hecho los indios sostenían a la Iglesia a través de las Cajas de Comunidad y que eran demasiado pobres para ser recargados con el diezmo. Enviaron instrucciones a sus procuradores en la Corte para pedir la revocación de la cédula de 1544, pero en 1558 se reafirmó la decisión anterior por nueva cédula de Felipe II.[14]

El conflicto entre frailes y seculares con respecto a los diezmos de indios fue muy complejo. Sin duda puede verse como parte de una pugna más amplia entre las órdenes y el clero regular. Borah señala que el intento de eximir a los indios de la obligación puede relacionarse con el interés de los frailes en seguirlos explotando a través de la economía conventual. Lo único que no puede argumentarse es lo que propone Medina Rubio con respecto a que la Iglesia trataba de convertir al indígena en "sujeto de derecho" –racional y responsable– para poder cobrarle el diezmo, ya que los frailes luchaban a favor de la racionalidad del indio y en contra del establecimiento del diezmo.[15]

A pesar de que Medina Rubio discute con detalle la cédula de 1544 que instituye el diezmo de indios, pasa por alto la relación evidente entre dicha cédula y el salto abrupto que en 1546 muestra la curva de los diezmos líquidos poblanos. Evidentemente, el diezmo directo de los indios fue el responsable del aumento violento del valor recaudado, aumento que se sostiene de 1546 a 1558 a pesar de los efectos negativos sobre la población, que al inicio de ese lapso tuvo la famosa epidemia de Matlazahuatl. (Véase la Gráfica indicada).

Probablemente el crecimiento del diezmo directo de los indígenas del Valle y la Mixteca (precisamente de seda, trigo y ganado) después de 1544, permitió la adopción del control eclesiástico en 1581. Michael Costeloe corrobora indirectamente el mismo fenómeno –es decir el cobro de un diezmo directo indígena a partir de 1544– en el Arzobispado de México, cuando observa que los primeros nombramientos de "Jueces Hacedores",

[13] *Ibid.* p. 400; Medina Rubio, *op. cit.*, p. 88; Solórzano y Pereyra, *Política Indiana*. Madrid 1932, T. I, pp. 351-352. Cuando Solórzano discurre sobre el diezmo indígena (1575) éste ya tiene treinta años de establecido para ganados, trigo y seda. Solórzano propone la ampliación del diezmo de indios. Pero el hecho de que tenga que defender el concepto mismo, implica una todavía activa oposición.

[14] Medina Rubio, *op. cit.*, pp. 82-87; Costeloe, *op. cit.*, nota al pie de la p. 3.

[15] Borah, "The Collection . . .", p. 392; Medina Rubio, *op. cit.*, pp. 68-74.

canónigos designados para la recolección directa del diezmo indígena, datan de 1545.[16]

A partir de entonces, además de contribuir indirectamente con la décima parte de sus tributos a la gruesa decimal, los indígenas comenzaron a pagar un diezmo de su producción de ganado, trigo y seda, que eran también los productos indígenas de valor comercial en la economía española. Si consideramos que todavía en 1571 el diezmo de tributos era aproximadamente un 90% del diezmo de Oaxaca y a esto añadimos el nuevo diezmo directo que los indios comenzaron a pagar desde mediados del siglo, concluiremos ineludiblemente que los indígenas pagaban casi la totalidad del diezmo del siglo XVI.

En cuanto al análisis de la producción, éste es un dato de sumo interés puesto que apoya la tesis de Barkewell sobre que la economía novohispana del primer momento colonial se basó principalmente en la extracción del excedente indígena a través del tributo. La calidad fundamentalmente indígena del diezmo está evidentemente relacionada con la economía de la encomienda que parece predominar, al menos en Oaxaca hasta la penúltima década del siglo de la conquista. Bakewell también sostiene que hubo un cambio profundo en esta economía a fines del XVI y principios del XVII, por el cual el español se convirtió en agente activo de la producción.[17] ¿Qué pueden añadir los datos de los diezmos al respecto?

Pero lo principal respecto a las series decimales es que ya a fines del siglo XVI todos los productos estaban diezmados y se había llegado a un consenso sobre las tarifas fijas con las que debería diezmar cada producto.

[16] Costeloe, *op. cit.*

[17] Bakewell, Peter J., *Silver Mining and Society in Colonial Mexico*, Cambridge, 1971, pp. 235-238.

El siglo XVII

El diezmo mixteco (indígena) descendió en términos absolutos y como parte del total a principios del XVII. Mientras en 1598 el diezmo colectado en la Mixteca fue de 5 468 pesos y 5 tomines (cerca del 74% del total del Obispado), veinticinco años más tarde apenas llegaba a los 2 071 pesos y representaba el 16% del total.[18] El descenso del valor decimal mixto coincide con el que muestra la gráfica de Medina Rubio para los diezmos líquidos de Puebla entre 1595 y 1625.

La baja no puede explicarse en términos institucionales, pues tanto en Puebla como en Oaxaca se había mejorado la administración de los diezmos a fines del XVI. Borah dice que el descenso coincide con la declinación más aguda de la población.[19] Independientemente de las dudas que se puedan tener respecto a los cálculos demográficos exactos para la época, la explicación demográfica parece ser la más pausible. Resaltan, sin embargo, dos aspectos que requieren mayor explicación:

Si sustraemos del total del diezmo líquido oaxaqueño de la penúltima década del XVI, tanto los diezmos mixtecos como los trigos de Etla, que eran principalmente indígenas (y la principal parte del diezmo indígena), el restante es sólo un 14% del total; pero si realizamos la misma operación con los promedios de la segunda década del siglo XVIII, el restante es del orden del 46%. Esto indica un cambio brusco en la composición del diezmo; un rápido crecimiento de la producción española y mestiza y consecuentemente de su contribución al ingreso decimal.

Además, las rentas decimales globales de ambos obispados parecen

[18] Borah, "Tithe Collection . . .", p. 502; "Libro . . . de diezmos" de 1624 a 1635, ACO, BMNAH, Serie Oaxaca, rollo 74-75.

[19] Borah, "Tithe Collection . . .", p. 502.

sostenerse a través del siglo XVII por encima de los niveles máximos alcanzados hasta 1580. El valor líquido de los diezmos del Obispo subió de $ 12 339 en 1624 a $ 42 585 en 1694. Esto representaría un aumento del 3.5% anual. De modo que la despoblación no explica completamente la curva. Los altos niveles de los diezmos en el siglo XVII parecen contradecir la idea de que el derrumbe demográfico provocó una grave depresión económica. Borah observa esta alta recaudación decimal en Oaxaca y la atribuye al perfeccionamiento gradual del sistema administrativo. Opina que hubo un desarrollo paralelo de los otros sistemas administrativos eclesiásticos en Nueva España, refiriéndose especialmente al de la Arquidiócesis de México. Las observaciones de Medina Rubio sobre las ordenanzas del Obispo Palafox refuerzan esta impresión.[20]

Es indudable que en la primera mitad del siglo XVII hubo una reforma administrativa. Los seis grandes bloques de diezmos de españoles que se remataban a fines del XVI se fraccionaron en un número cada vez mayor de colecturías o beneficios; se mejoró el personal de Clavería, estableciéndose puestos de contadores y se impuso la costumbre de registrar las entradas del diezmo de cada partido por separado y en un libro anual. Es difícil precisar la fecha exacta de la reforma del siglo XVII porque se ha perdido mucha de la documentación. Antes de la reforma un solo libro contenía la información de 30 a 40 años; de modo que al perderse un libro se perdía la información de muchos años. Para Oaxaca, antes del siglo XVIII tenemos sólo cortes de información aislados e insuficientes. El primer libro anual es de 1694; para entonces el sistema parece estar bastante perfeccionado.

Borah profundiza en el problema cuando interpreta estos cambios administrativos en función de la nueva fuerza de la economía española. El crecimiento del sector español, explica, hizo impracticable la almoneda de los grandes bloques. Ningún arrendatario tenía el capital suficiente para suscribir los contratos de diezmos de zonas extensas en las que habían proliferado y crecido los ranchos y haciendas diezmatarias. Mientras que el diezmo principalmente indígena del XVI se había recolectado en los puntos centrales donde se pagaban los tributos, el nuevo tipo de producción española requería de una recolección en ranchos y haciendas dispersos.[21]

Los agentes recaudadores, que ya no eran en el siglo XVII los canónigos mismos, se vieron obligados a hacer largos recorridos por la campiña para recolectar el diezmo de la nueva producción indígena y española, pagándoseles como comisionados generalmente un 8% de lo que recogían.

[20] Borah, "Tithe Collection . . .", p. 498-499.
[21] *Ibid.*, pp. 499-503; Medina Rubio, *op. cit.*, pp. 103-104.

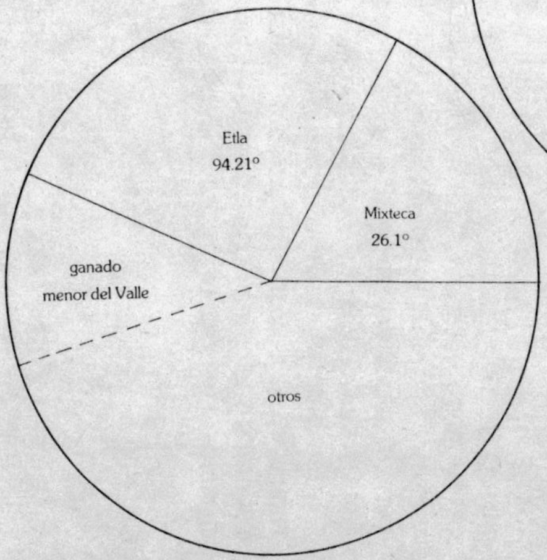

1624-1634

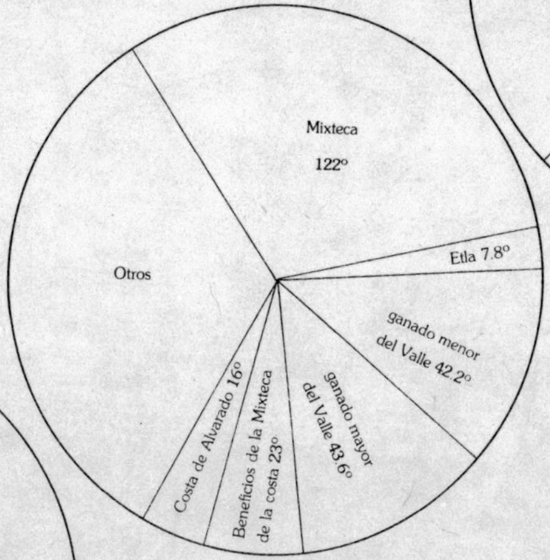

1694

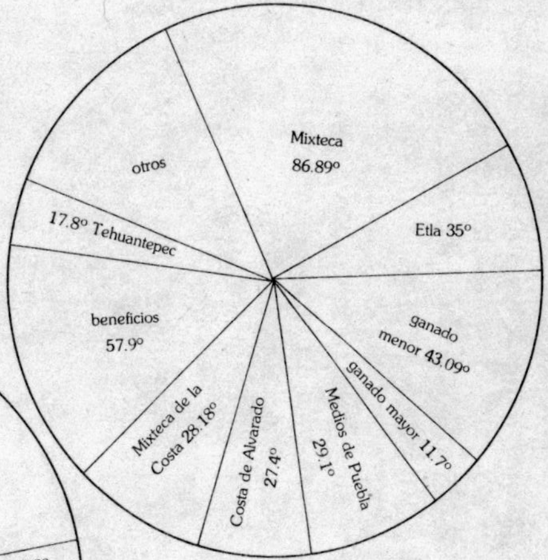

1724-1734

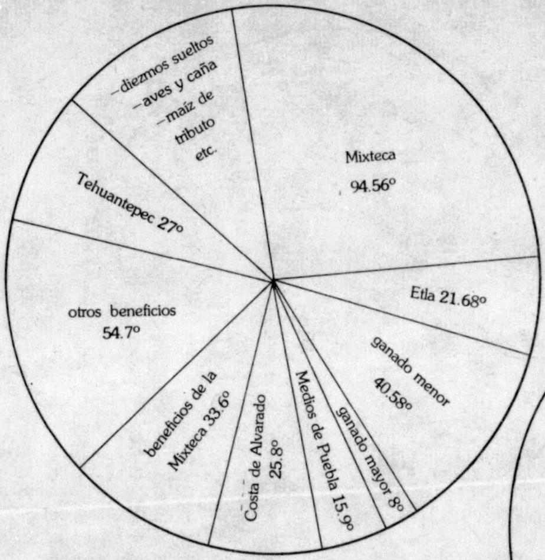

1754-1764

1780-1781

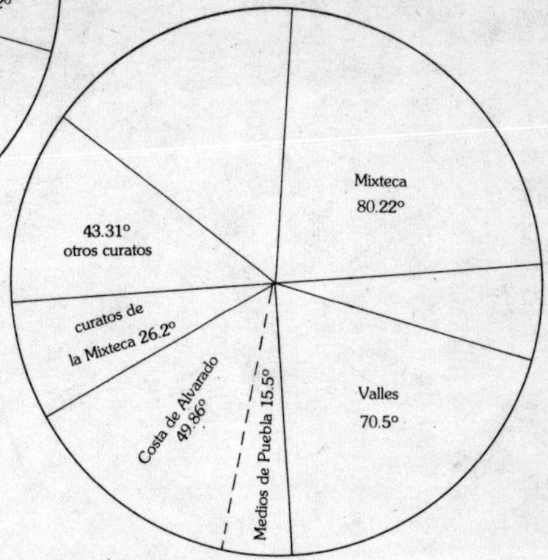

1791-1800

Surgió así la necesidad de crear una infraestructura (bodegas, sistema de transporte) para la recolección directa.[22]

Pero la reforma administrativa no termina de explicar, por sí sola, el crecimiento de la recaudación decimal en el siglo XVII, a pesar de que la población indígena que contribuía con el 90% del diezmo en 1580 se vio reducida a una décima parte de lo que había sido. Para resolver esta contradicción habría que añadir a la explicación de Borah que hubo también un incremento en la producción de bienes de tipo europeo por parte de los indígenas. La importancia proporcional de la contribución a la "masa mayor" de las zonas predominantemente indígenas como la Mixteca, no sólo no disminuyó sino que aumentó entre 1620 y 1694.

Volviendo al tema de la reforma, Medina Rubio observa un desarrollo idéntico a mediados del XVII en Puebla, atribuyéndolo al esmero administrativo del Obispo Palafox. Opina también que, como consecuencia, hubo una ampliación de la capacidad recolectora de la Iglesia que incrementó el dominio eclesiástico de la economía agrícola, ya que la Iglesia concentraba el capital excedente empleándolo en préstamos de diferentes clases e invirtiéndolo en tierras y propiedades urbanas. Sus gráficas estadísticas no apoyan empero la aseveración de una capacidad recolectora ampliada: sus curvas de medias, por ejemplo, se mantienen abajo de los 150 000 pesos desde 1645, fecha de las ordenanzas de Palafox, hasta el último tercio del siglo XVIII. Bajan de 100 000 pesos entre 1674 y 1690.[23]

Las Actas del Cabildo Eclesiástico de Oaxaca corroboran en todo caso la creación de una nueva maquinaria decimal creada a mediados del XVII. Además de tratarse en ellas los asuntos varios acostumbrados (la elección de la huérfana que saldría en la procesión del año, las peticiones de los músicos de salarios más altos y los nombramientos de administradores o beneficiados para las diferentes partidas de los diezmos), el Cabildo revisa y discute detalladamente las cuentas de Clavería. De los Libros de actas de 1698 se desprenden varios elementos nuevos:

[22] Borah, "Tithe Collection . . ." pp. 503-505; "Libro . . . de diezmos", ACO, BNMAH, serie Oaxaca, rollo 76. Medina Rubio también comenta sobre las dificultades que presentaron los alquileres de los diezmos. Un ejemplo concreto que las ilustra, es la discusión en el Cabildo oaxaqueño el 12 de enero de 1698, sobre la petición del Marqués de Altamira vecino de la Ciudad de los Angeles en cuanto a que "se le rebajen dos reales en cada cabeza de ganado cabrío y ovejuno del precio en que remata la Santa Iglesia de Puebla (del cual remate la Catedral de Oaxaca recibe la mitad) respecto de los gastos y costos que tiene en la recolección de dicho ganado . . . del medio diezmo, el cual se le vendió a su Señoría . . . por seis años" dándole un quince por ciento rebajado del precio en que se rematase. El Marqués se queja de que los diezmatarios retienen los diezmos y con los dos reales adicionales que pide pretende que se le dé un 25% del total. El Cabildo le otorga la mitad de lo que pide. "Libro de Actas . . .", ACO, BMNAH, Serie Oaxaca, rollo 72, ff. 121-122v.

[23] Borah, "Tithe Collection . . .", pp. 505-507.

1. un sistema contable mucho más flexible que registra con detalle los ingresos de cada Colecturía y carga a los claveros los "alcances" de cada balance.
2. la exigencia a todos los "administradores" de diezmos, incluso a aquellos a quienes se da un "Beneficio" por un precio fijo, de que lleven "libros de asientos" con una determinada cantidad de hojas numeradas por el clavero para asentar juradas y firmadas ambas declaraciones de los diezmatarios y las evaluaciones del "administrador".
3. la exigencia de que den fianza suficiente todos los administradores de diezmos.
4. la existencia de un sistema establecido para "tasar" o evaluar periódicamente los diezmos de cada partido, con personal específico ("tasadores") para esa tarea.[24]

[24] Medina Rubio, *op. cit.*, pp. 200, 208-210.

El siglo XVIII: desarrollo institucional

Las reformas administrativas se prolongan en Oaxaca hasta cerca de 1716. En Puebla el Obispo Nogales realiza en 1712 importantes reformas paralelas, eliminando algunas colecturías no rentables.[25] Obsérvese que ambos Obispados sufrieron en la primera década del siglo una sensible disminución de sus rentas decimales, bastante más marcada en Puebla. Pero ya para entonces había terminado la etapa de los grandes cambios y se había establecido un sistema que se continuaría usando hasta 1781. Como consecuencia de estas reformas la información para el siglo XVIII es mucho más abundante, exacta y homogénea. Las Actas del Cabildo son cada vez más detalladas, la contabilidad se esclarece y las series son más completas.

Es importante señalar que en ambos Obispados se siguieron utilizando sistemas directos e indirectos de recolección hasta *circa* 1781. En Oaxaca Borah observa sin embargo, una incrementada preferencia por el sistema directo (estimulada por la duplicación de costos) a través de los siglos XVII y XVIII, y un cambio total al sistema de recolección directa en las últimas dos décadas del XVIII. Hace notar que se trata de un proceso generalizado, observable también en el Arzobispado de México, coincidiendo en esto con Costeloe.[26]

Los libros de Diezmos evidencian algunos cambios a este respecto en Oaxaca. Los "Beneficios" desaparecen como tales y pasan a llamarse "cura-

[25] Borah, "Tithe Collection . . .", p. 507; "Libro de Actas . . .", ACO, BMNAH, Serie Oaxaca, rollo 72, ff. 114-126 v.

[26] "Libro de Actas . . .", ACO, BMNAH, Serie Oaxaca, rollo 72, ff. 85, 101; Medina Rubio, *op. cit.*, p. 108. A Medina Rubio se le escapa el hecho de que en 1712 el Obispado de Puebla había experimentado un impresionante descenso en su renta decimal (de 300 000 pesos en 1698 a 61 mil pesos en 1712); esto debe haber estimulado las reformas del Obispo Nogales Dávila. Borah, "Tithe Collection . . .", p. 512.

tos" después de 1780. Los curas actuaban aparentemente como comisionados para la recolección de un diezmo tasado. Es difícil determinar si debe considerarse al beneficiado como un arrendatario de la colecturía o como un funcionario del aparato de recolección con un sueldo a comisión y si debe por tanto calificarse el cobro de directo o indirecto. Quizás esas categorías no estaban tan tajantemente definidas en la mente de los claveros y los comisionados.

Lo que es indudable es que el sistema es más flexible y que el cobro es más directamente vigilado por la Iglesia de lo que había sido a principios del siglo XVII. Desde por lo menos 1694 el valor decimal de los Beneficios o curatos fluctúa y crece gradualmente. El crecimiento no puede interpretarse correctamente si no consideramos el aumento paralelo en el número de las colecturías mismas, ya que este aumento pudo haber hecho más racional y rentable la recolección del impuesto. Esto sólo podrá determinarse definitivamene examinando en detalle las partidas individuales correspondientes, englobadas en nuestra curva de beneficios. La serie indica que el aumento en valor fue estable con alzas ocasionadas a través del período, lo que hace sospechar que el valor tasado del diezmo de cada colecturía era revisado periódicamente. Las fluctuaciones descendentes podrían probablemente explicarse a través de las crisis agrícolas.

Medina Rubio no ve una notoria preferencia en el tiempo por el sistema directo y opina que hubo más recolección directa a fines del siglo XVII que en el XVIII. Piensa que los gastos de administración de ambos sistemas eran iguales, pero no analiza el problema de la duplicación en los costos, cuando en una misma zona se recolectan los diezmos de indios y se alquilan los de españoles. Parecería improbable que tanto el Arzopispado como el Obispado de Oaxaca adoptaran un sistema directo en el mismo año de 1780, y que el episcopado poblano permaneciera indiferente, especialmente porque los datos de Michoacán sugieren también la tendencia hacia la consolidación de sistemas directos.[27] Para nuestro propósito en todo caso basta saber que en Oaxaca se dio una nueva reforma administrativa en 1780.

Importa asimismo recordar que las instrucciones precisas dadas a los recaudadores del siglo XVII indican que los indios pagaban para entonces todas las "cosas de Castilla": que además, indios y españoles pagaban 8% de tabaco y que había disputas sobre el diezmo de la grana.[28] Los libros de Recolección mixtecos incluyen muchos diezmos de productos "de la tierra", cobrados en aldeas indígenas.

[27] Borah, "Tithe Collection . . ." pp. 506-507; Costeloe, *op. cit.*, nota núm. 10, p. 5. Los libros de Actas confirman la impresión general de Borah, aunque es a veces difícil distinguir entre la persona que compra o alquila un diezmo y el comisionado para cobrarlo; véase la nota 22.

[28] Medina Rubio, *op. cit.*, pp. 110-111 y p. 200; con respecto a Michoacán, comunicación personal de Lidia Espinoza que trabaja actualmente el material de ese Obispado.

Es indudable que la carga del diezmo era resentida tanto por indígenas como por españoles y mestizos. El Obispo de Oaxaca se vio obligado a escribir una larga carta pastoral encomiando el pago de los diezmos y amenazando con el castigo divino a quienes lo defraudaran. Los libros de Diezmos y los de Actas, registran y comentan respectivamente los frecuentes "rezagos" y las disputas entre diezmatarios y recaudadores sobre tasas y precios. Uno de los Libros de Diezmos comenta lacónicamente que con el diezmo de ganado de indios, "hase de tener mucho cuidado . . . porque lo ocultan los indios". Los españoles también se quejan de "abusos" en el cobro.[29]

[29] Borah, *op. cit.*, pp. 510-511 y Hamnett, Bryan, *Politics & Commerce in Southern Mexico*, Cambridge, Inglaterra. Véase también "Ensayo Político sobre Tolerantismo . . ." y "Refutación del ensayo . . . y defensa del diezmo". Tulane U. Library, RARE.

Aclaraciones técnicas

Las gráficas tipo "pastel" o "manzana" muestran el gradual deslindamiento geográfico del diezmo en la contabilidad de Clavería. Para los propósitos del análisis serial hemos descartado los datos aislados de los siglos XVI y XVII y nos hemos limitado a trabajar el material del siglo XVIII. Como la información viene registrada en partidas demasiado numerosas y demasiado heterogéneas en el tiempo, como para poder hacer un análisis individual de cada una, la hemos reagrupado en bloques más grandes: los Valles, la Mixteca Alta y Baja, la Costa Mixteca, la Costa Norte, la Costa Sur, los Diezmos Sueltos y los Beneficios.

Estas agrupaciones tienen cierta justificación natural –geográfica– pero requieren de una explicación. Primero, se refieren evidentemente a una geografía histórica; debe pensarse en términos del Antiguo Obispado. La "Costa Norte", por ejemplo incluye la Costa de Alvarado y Acayucan y "los medios agostaderos de Puebla". Estos últimos son el diezmo cobrado a los ganaderos que pastoreaban sus ganados en una zona fronteriza al norte de Oaxaca y al sur de Puebla, cuya renta compartían los dos obispados. La Costa Sur abarca Tehuantepec y Jalapa, es decir la zona istmeña.

Los Valles Centrales abarcan partidas del diezmo indígena (ganado menor del valle, trigos de Etla) y después de la Reforma de 1781, las colecturías de Tlacolula, Ocotlán, Zimatlán, etc. Antes de ese momento la partida no es representativa del diezmo de españoles en el área, que por otra parte era el menos importante.

La curva de los Beneficios sueltos no representa una región geográfica; es una mezcla de los diezmos recolectados en forma menos directa en todo el Obispado. Solamente se deslindaron entre ellos los de la Costa Mixteca, que tenían especial interés para el investigador que diseñó los formularios. Esta serie es por lo mismo la más susceptible a deformaciones institucio-

OBISPADO DE OAXACA EN EL SIGLO XVIII

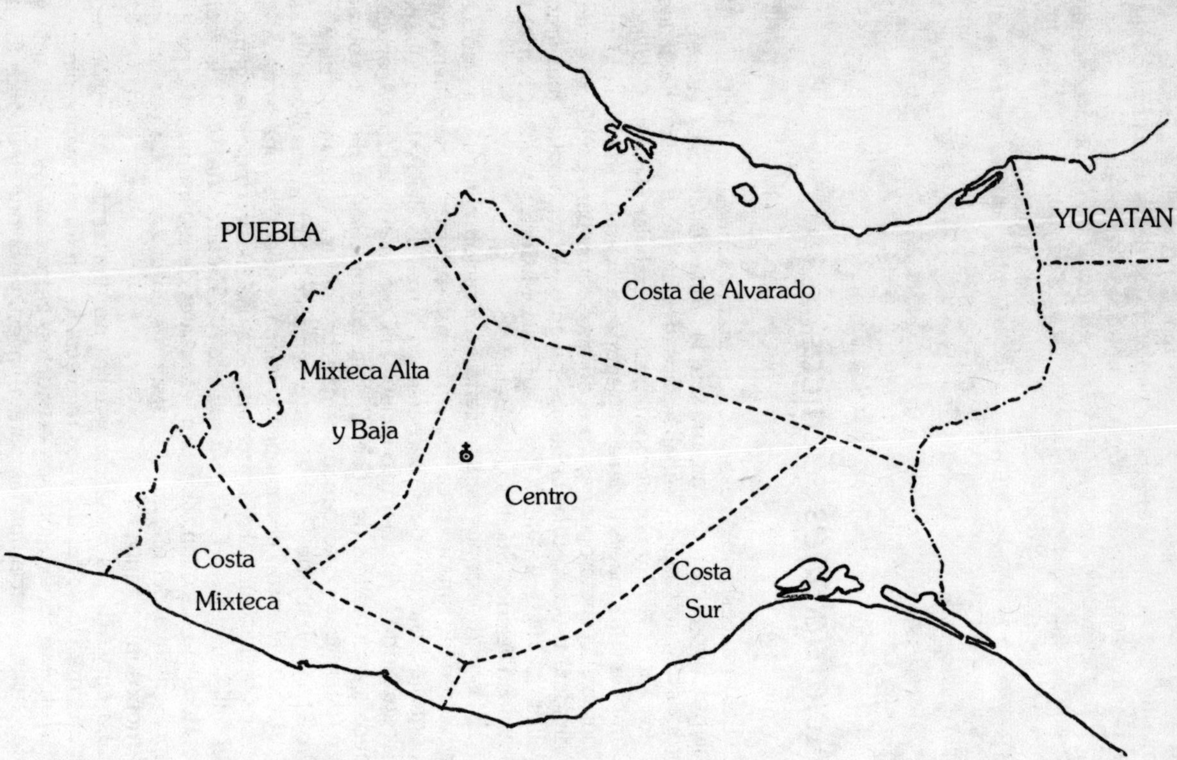

nales. En el proceso de consolidación del sistema directo de recolección se le añadieron o quitaron partidas importantes; ello se refleja —necesariamente— en la forma en que se captaron los datos. El valor de esta curva es el de un complemento para la comprensión de las demás.

Los defectos de esta oganización no invalidan las otras series que, en su conjunto, están completas. Un estudio más detallado de la economía de una zona o localidad específica requeriría, sin embargo, que el investigador regresase a la fuente original, localizase entre las colecturías las que desea estudiar y construyese sus propias series. Algunas de las series más completas —la de los Valles o La Mixteca— pueden ilustrativamente desglosarse en varias series componentes: trigos y ganados. La serie más completa de todas —la del Obispado— provee el marco de referencia imprescindible para la contemplación de cualquiera de las curvas.

Problemas de interpretación de las curvas

Las reformas administrativas de Clavería deben relacionarse con el proceso general de racionalización organizativa que emprendieron en el siglo XVIII tanto la Iglesia como el Estado. Sin duda la racionalización fue necesaria en ambos casos porque aumentó tremendamente la escala de las operaciones que se manejaban. También en ambos casos, las reformas resultaron de indiscutible eficacia. Surge sin embargo el problema de indagar en qué medida los aumentos que se detectan en las curvas indican las tendencias que obligaron a reformar la administración o indican la eficacia de las reformas mismas.

Por otra parte, las reformas administrativas estatales tuvieron además un efecto tonificador en la economía.[30] Este a su vez se reflejó en el aumento de la producción agrícola que muestra el diezmo; de modo que se mezclaron los efectos de la reforma estatal y las causas y efectos de la reforma administrativa eclesiástica decimal. La madeja de estas complejas concatenaciones resulta difícil de desenredar.

Varias dificultades inherentes a la información decimal que se han pasado por alto saltan a la vista a medida que recopilamos la información para construir las series.

1. El total del diezmo recibido y registrado en los libros para un año determinado no corresponde exclusivamente, al menos en Oaxaca, a ese año específico; el libro de un año registra, por lo general, "rezagos" anteriores y "avances" o adelantos, junto con el valor que corresponde al año del encabezado. Los rezagos de un año bueno pueden compensar la reducción

[30] "Libro de Actas" ACO en BMNAH, Serie Oaxaca, rollo 73 ff. 23lv; "Libro de los diezmos", ACO, BMNAH, Serie Oaxaca, rollo 84 libro 35 f. 25.

en el valor de un mal año, obscureciendo el sentido de la serie.[31] Este problema se puede superar deslindando con cuidado las partidas correspondientes a cada año.

2. La curva del diezmo líquido del Obispado suma lo recaudado en zonas geográficas diferentes. La complejidad de esta geografía se puede explicar si observamos cómo los Obispados cortan transversalmente el continente. Difícil sería que todas estas zonas fueran afectadas simultáneamente por una crisis climatológica determinada. Los altibajos de diferentes zonas tenderían a compensarse en la suma total. Mientras que, por otra parte, como todos los Obispados están compuestos en forma análoga (todos tienen litoral Atlántico, tierras altas centrales y costa pacífica) las curvas generales resultan comparables.

3. Las crisis parecen desplazarse geográficamente, afectando a diferentes zonas en años sucesivos. Una zona no afectada en un momento determinado podría verse incluso beneficiada por el padecimiento de su vecina, asolada por una sequía y urgida a importar medios de sobrevivencia.

Buscaremos la forma de solucionar los problemas que plantean las series en la medida en que el material lo permita. Pero sobra decir que las series no hacen más que ofrecernos un marco de hechos y plantean más preguntas de las que responden. Sólo explorando adecuadamente la documentación de los archivos, con miras a resolver las interrogantes que plantean las series regionales, podrán estas últimas cobrar un sentido pleno. No nos proponemos por ahora un estudio tan completo.

Medina Rubio señala como la principal dificultad de las curvas de valor del diezmo —en cuanto que fuentes para el estudio de la producción— el que no reflejan bien las crisis agrícolas, ya que, al bajar drásticamente el volumen del producto cosechado y concomitantemente el volumen diezmado, suben lógicamente los precios. En las cifras del valor anual del diezmo se compensa pues el descenso en el volumen del producto con el alza del valor unitario.[32]

Comenzaremos tratando este último problema, que parece el más serio. En efecto, la curva de Medina Rubio para el valor del diezmo poblano en el siglo XVIII resulta poco ilustrativa. Mutilada por una laguna insalvable (de 1727 a 1749), no muestra más que un par de ciclos, poco pronunciados, a principios del siglo, y otros dos —a un nivel muy superior en la escala— al final. Esto no dice mucho y el autor, presumimos que desilusionado con los resultados de su trabajo cuantitativo, concluye hablando no de las curvas

[31] Para este problema ver Florescano, Enrique e Isabel Gil Sánchez "La época de las reformas borbónicas y el crecimiento económico" *Historia General de México*, vol. 2, pp. 183-290, México, 1976.

[32] Cualquiera de los "libros de los diezmos" en ACO, BMNAH, Serie Oaxaca, rollos 80-94 ilustra bien el traslape de las cuentas de varios años.

y sus posibles interpretaciones, sino de los hipotéticos efectos de la extracción del diezmo sobre el desarrollo de la economía agrícola.[33]

Cuando la documentación es más rica —como en los casos de Michoacán y algunas regiones de Oaxaca— se puede pensar en contrastar series de volumen diezmado con series de precios para medir el grado de compensación, por efecto de equilibrios de mercado, en la curva del valor decimal. Desgraciadamente, para los Obispados de Puebla y Oaxaca, sólo contamos con las series del valor recaudado y líquido. En estos casos, lo que se debe hacer para constatar las compensaciones es estudiar el comportamiento de la curva en algunos períodos conocidos de crisis. Medina Rubio no hace este tipo de demostración. Por nuestra parte, no encontramos en las curvas de los diezmos oaxaqueños un efecto de compensación apreciable. Es decir, la curva desciende siempre significativamente en años de crisis agrícola conocida y por lo tanto está indicando, *grosso modo*, la producción.[34]

Llaman la atención, sin embargo, algunas peculiaridades metodológicas de la curva de Medina Rubio. Tanto los valores absolutos como las medias progresivas que calcula para su serie están trazados en una escala semilogarítmica de acuerdo a las recomendaciones de algunos manuales de historia económica.[35] El procedimiento tiene la ventaja de compactar la escala vertical de la gráfica, permitiendo la inclusión de los valores relativamente bajos del inicio y los de muy elevados del final de una serie de larga duración, en una misma gráfica. Con ello se pretende además detectar las fluctuaciones proporcionalmente más notables; es decir, si la tendencia es poco pronunciada, el trazado semilogarítmico la menosprecia; si por lo contrario el ángulo de inflección es agudo, la curva exponencial lo acentuará aún más. Pero cuando los que se grafican son valores naturales, esto puede resultar en un falseamiento gráfico de los mismos.

Se trata de dos problemas en uno. Se pueden trazar los logaritmos de una serie, obteniéndose impresiones menos evidentes en las gráficas naturales. Cuando existen razones teóricas sólidas para suponer que la serie se comporta en forma exponencial, esperaremos de la gráfica tendencias de

[33] Medina Rubio, *op. cit.*, p. 189-196.

[34] Es difícil hablar de precios porque no han sido estudiados. En su monografía sobre *Los precios del maíz y crisis agrícolas*, Florescano encuentra fluctuaciones estacionales significativas, pero "el precio del maíz estaba más expuesto a las presiones del mercado cerca de los centros de consumo concentrado. Aunque la ciudad de Antequera pudo constituir un mercado de esta naturaleza, sus necesidades fueron suplidas en buena parte por los pueblos de indios que a través de la época colonial siguieron controlando la mayor y la mejor parte del suelo agrícola del Valle (vid Taylor). Ahora bien, la producción de maíz de los indígenas no estaba gravada por el diezmo, de modo que no sabremos nada de sus precios hasta no estudiarlos en la documentación del posito y Alhóndiga, si es que la hay.

[35] Cardoso, Ciro Flamarion, *El Método en la Historia Económica*, México 1977. Se alega aquí que el procedimiento es viable porque en la escala semilogarítmica se conservan las proporciones.

orden logarítmico; y podremos justificar teóricamente el trazado de este tipo. El caso de las series demográficas sería un buen ejemplo. La población crece en una forma exponencial; resulta lógico por tanto trazar su gráfica en una escala de ese tipo. (Es curioso por lo mismo que la mayor parte del trabajo histórico-demográfico no utilice escalas semilogarítmicas en gráficas de población total contra tiempo. Probablemente ello obedezca a que se ha querido destacar cierto tipo de comportamiento de las series, que no hubiera resaltado tanto en gráficas semilogarítmicas. Quizás el crecimiento exponencial de la población, que es mucho menor en la época preindustrial, se pueda estudiar mejor si se traza en gráficas naturales). De cualquier forma lo lógico en estos casos es obtener los logaritmos de los valores naturales para trazarlos en la coordenada vertical, logarítmica; obteniéndose así una línea que simplifica los movimientos de la curva y cuya comparación con la curva de frecuencias normales puede ser ilustrativa.

Pero no hay ninguna razón para suponer, teóricamente, que una serie de producción agrícola debe crecer en forma exponencial. La cantidad y productividad limitada de la tierra impiden que su producción crezca más que modestamente. Existe un problema demográfico en la época post-industrial, precisamente porque es imposible que la producción de alimentos crezca al ritmo logarítmico al que crece normalmente la población humana, liberada, a través de la historia, de muchos de los condicionantes ecológicos usuales. He ahí la pesadilla de Malthus. Pero si la producción no crece a tasas exponenciales, el trazado logarítmico de sus valores resulta arbitrario. Y, si las series de producción agrícola se trazan de esta manera para fines específicos de demostración y comparación, las curvas deberán ir siempre acompañadas del trazado aritmético normal con el cual implícitamente se les está comparando.

Por otra parte se plantea asimismo el problema de trazar los números —en vez de los logaritmos— en la escala exponencial. A pesar de las "proporciones conservadas", esta manipulación parece en realidad arbitraria. Haría falta justificar, desde el punto de vista puramente estadístico, el manejo de valores aritméticos en cuadrantes exponenciales. Tal procedimiento no se usa en ninguna de las ciencias sociales o naturales. Es de esperarse que tal manejo llegue a deformar y obscurecer el sentido de las curvas.

Si construimos con las tabulaciones de los diezmos poblanos una curva simple de frecuencias naturales en escala aritmética (cosa que Medina Rubio no hace), la gráfica de los diezmos poblanos del siglo XVIII adquiere un aspecto más significativo. Si luego superponemos esta curva a la que resulta del valor de los diezmos oaxaqueños, manejados en la misma forma, resaltan de inmediato varias curiosas semejanzas, a pesar de las lagunas en la serie de Puebla. Estudiemos pues las curvas compaginadas.

CURVAS DEL OBISPADO

Características comunes de las curvas

Las curvas coinciden en un ascenso notable durante la última década del XVII, así como en un descenso —menos notable en el caso de Oaxaca— durante la primera década del siglo XVIII. En la curva de Oaxaca, después de la caída sensible de 1738, se puede observar un largo período de estancamiento que dura hasta 1770. Este empantanamiento se manifiesta en las curvas de frecuencias como una serie de cuatro violentas fluctuaciones cíclicas alrededor de un eje horizontal estable, que podemos fijar en 57 mil pesos. En la gráfica de medias móviles decenales el mismo lapso se manifiesta como un encadenamiento de dos depresiones graves a mediados del siglo; depresiones que parecen interrumpir un período de dinamismo ascendente (de 1725-1737).

La curva de los diezmos poblanos muestra un comportamiento idéntico entre 1748 y 1776. Durante ese lapso la gráfica de frecuencias fluctúa alrededor de los ciento ochenta mil pesos; incapaz, al parecer, de escapar a una fuerza de gravedad abrumadora. Medina observa el fenómeno y lo interpreta como el resultado de "un período de estabilidad".

El auge borbónico

Las curvas de los dos Obispados coinciden también después de 1776 cuando ambas cobran altura y se disparan en forma dramática e ininterrumpida hasta 1808. Este último momento de dinamismo está relacionado sin duda con las reformas administrativas de 1781, al menos en Oaxaca. La tendencia gráfica de la serie parece definitivamente asociada al desarrollo institucional. De modo que la aguda pendiente positiva de la curva puede interpretarse en términos de una "capacidad ampliada de recolección", como dice Medina de otro momento en sus gráficas. También debe considerarse al respecto una posible inflación de los precios a fines del siglo. Pero el vigor que ambas curvas muestran sugiere que el vuelo de la gráfica corresponde a la vez a un desarrollo económico real, es decir, a un incremento substancial de la producción. Entre 1775 y 1808 el crecimiento del valor recaudado en Oaxaca es del orden del 60%. Tres puntos pueden ilustrar este brinco gráfico: 1775: 69 667 pesos; 1800: 90 832 pesos y 1808, el último momento de apogeo: 116 647 pesos. Observando con cuidado estas cifras en la gráfica se notará que el mayor incremento se dio en la última década del siglo XVIII y los primeros años del XIX. Es decir que el máximo dinamismo no corresponde a la reforma administrativa de 1781.

Varios autores han llamado la atención recientemente sobre el crecimiento espectacular de la economía novohispana que algunos han denominado "el auge borbónico". David A. Brading desarrolló la tesis de que una vigorización del comercio —provocada a su vez por la desarticulación de los monopolios ultramarinos— estimuló la producción minera novohispana en el último tercio del siglo XVIII. Por su parte Enrique Florescano amplió esta tesis para mostrar la forma en que el *boom* repercutió sobre la agricultura, especialmente en el Bajío. Se dice además que la bonanza borbónica estuvo asociada a una definitiva recuperación demográfica.

La tesis del *boom* tiene una coherencia lógica muy consistente. A primera vista, las curvas de los diezmos de Puebla y Oaxaca parecerían respaldarla, ya que el brinco de la curva indicadora de la producción minera se compagina bien con el de la curva decimal. La coincidencia de las tendencias en estas series es aún más sugerente cuando consideramos que las series agrícolas pertenecen a zonas alejadas de los núcleos mineros más importantes. Cabe insistir en esto, porque a pesar de que la tesis del auge se expuso hace muchos años sobre la base de otros indicadores, la investigación no ha intentado despejar las interrogantes que, planteadas entonces, todavía persisten alrededor del tema. A riesgo de caer en la obviedad es preciso recordar que nuestra percepción del auge, el estancamiento o la depresión es siempre un fenómeno relativo. Es decir, hay un auge sólo porque en el momento inmediatamente superior no lo hubo. Esto no lo quita validez a la observación pero sí exige cautela.

El auge borbónico, por lo menos en la curva de diezmos oaxaqueños es claramente un período de este tipo. La impresión gráfica de crecimiento y el porcentaje bruto de crecimiento en el lapso 1775-1808 deben verse también en términos relativos. Si consideramos que el crecimiento total en ese lapso a pesar de que suma un 60% da sólo un 1.8% de tasa de crecimiento anual y comparamos esta tasa con el 3.5% de crecimiento que sugieren los cortes para el siglo XVII, concluiremos que: 1) las últimas tres décadas del XVIII fueron de crecimiento menos vigoroso que el período de formación y consolidación de las haciendas y 2) el salto gráfico corresponde más bien a un crecimiento acumulado y sostenido en largo lapso que a un despegue espectacular.

El largo estancamiento de mediados del siglo XVIII

La aclaración anterior nos obliga a regresar al más novedoso de los fenómenos que se manifiesta en la curva de los diezmos oaxaqueños: el largo período de estancamiento entre 1737 y 1770, al que nos referimos antes.

Es razonable pensar que la producción de alimentos tiene que crecer a un ritmo acelerado que permita la sobrevivencia de la población, que crece naturalmente en forma exponencial. Las sociedades agrícolas reaccionan en forma creativa a esta presión intensificando sus labores de cultivo para incrementar la productividad de la tierra, logrando muchas veces prolongados períodos de bienestar y prosperidad. Este patrón es congruente con la tendencia imperativa al crecimiento que muestran nuestras curvas a largo plazo.

Por otra parte ningún factor institucional conocido puede explicar los períodos de estancamiento intercalados en la serie. En varios períodos (1558-1576, 1605-1625, etc.) la curva se comporta en forma deprimida. No se puede argumentar que estos lapsos representen períodos de "estabilidad" puesto que, en una sociedad sin acceso a medios artificiales de control demográfico, el empantanamiento productivo es un síntoma de que algo anda necesariamente muy mal. Si la producción de alimentos permanece estancada, la población creciente come menos y sufre un proceso de degradación, o bien decae en términos absolutos por efecto de un mecanismo compensatorio (ej., crisis agrícolas devastadoras asociadas a epidemias de alta mortalidad). Baste esto para que nos detengamos con más cuidado sobre el curioso lapso 1737-1770.

Según los datos existentes la población oaxaqueña descendió de 249 913 a 246 524 habitantes entre 1742 y 1750. El descenso no es espectacular pero sí resulta sorprendente. Este anómalo descenso en pleno siglo de auge económico debió haber sido mucho más intenso en las zonas de los valles centrales puesto que la población mixteca –única otra población concentrada en el Obispado– creció un 25% en el mismo lapso.[36]

Se pidieron a la computadora estadísticas de las series de diezmos antes de tener una idea de lo que las curvas sugerían y escogiendo períodos que facilitaran la lectura del diagrama de dispersión, pero totalmente arbitrarios con respecto a las características de la serie. Las estadísticas del período computado 1774-1794 (que incluye, desafortunadamente para los propósitos de la demostración, 24 años posteriores al final del período de estancamiento y excluye la primera década del mismo) arrojan de cualquier forma resultados consistentes con las observaciones gráficas. Las series de casi todas las regiones centrales tienen una pendiente negativa que oscila entre –112.1 y –45.5. Solamente la Mixteca conserva, para el período computado que abarca la mayor parte del *boom*, una pendiente positiva de 50.5.

Hemos observado que en la curva de frecuencias del Obispado, el período 1737-1770 manifiesta una serie de fluctuaciones cíclicas alrededor de un eje fijo. Se nota además que dos de los puntos de inflección negativa de estas fluctuaciones coinciden respectivamente con los años 1737 y 1762, años en que se desataron dos de las epidemias más mortíferas de que tuvieron memoria los novohispanos del siglo XVIII; el matlazahuatl –"considerada por las autoridades contemporáneas como la misma enfermedad de 1576"– y el sarampión particularmente mórbido del 62.[37] Las dos depresiones profundas que revela la gráfica de medias móviles decenales se inician también en esos dos momentos.

Por otra parte los puntos más bajos en los ciclos de las curvas de frecuencia (1741, 1745, 1749 y 1756) coinciden con años de conocidas hambrunas generalizadas, provocadas en círculos fatídicos por la combinación nefasta de las epidemias (que debilitaron la población productiva), las sequías y las granizadas.[38] La coincidencia de los informes sobre estas calamidades en el centro de México, encontrados por Zavala y Gibson, y los datos cuantitativos parecen contundentes. Basta en todo caso para postular que el lapso 1737-1770 fue muy difícil para la economía novohispana y que en el futuro se debe explorar la información socio-económica para matizar el cuadro crítico

[36] David A. Brading, fue el primero en proponer la idea de un auge en el siglo XVIII, en *Miners and Merchants*, Cambridge 1970; Enrique Florescano, en "La época de las reformas y el crecimiento económico", *op. cit.* Claude Morin corrobora el crecimiento minero y agrícola en el Bajío en su tesis doctoral inédita.

[37] Silvio Zavala menciona parentéticamente estas calamidades en *La Encomienda Indiana*, México 1973, pp. 634-718. Véase también Gibson, Charles, *The Aztecs under Spanish Rule*, Stanford, 1964. Apéndice en que se resumen y comentan las epidemias.

[38] *Ibid.*

que sugieren las series de diezmos y para estudiar los efectos sociales, políticos y económicos del fenómeno.

En el caso de Oaxaca, los estudios de William Taylor sobre las Haciendas del Valle añaden otro punto de apoyo a nuestra interpretación de las series. Taylor encuentra que hay en general una inopinada inestabilidad de la propiedad española en el centro de Oaxaca. Muy frecuentemente, en épocas de crisis, las haciendas que estaban hipotecadas hasta por un 80 o 90% de su valor quebraban haciéndoseles imposible pagar los réditos de sus deudas.[39] En esos casos eran confiscadas o rematadas por sus acreedores. Examinando los datos de Taylor uno se percata de que las ventas de haciendas son especialmente frecuentes en el período de estancamiento prolongado. Evidentemente el empantanamiento de la producción debido a causas externas (epidemias y crisis agrícolas, aguda falta de mano de obra consecuente y contracción de los mercados) hicieron a la hacienda particularmente susceptible a la quiebra.

Los problemas de las haciendas del Valle nos llevan por otra parte a examinar las curvas específicas de esta zona y a compararlas con las de las zonas vecinas.

Las curvas de los diezmos en las diferentes regiones geográficas que hemos logrado deslindar manifiestan comportamientos distintos. Casi todas muestran un descenso y un estancamiento después de mediada la década de los treintas. Pero mientras algunas regiones como La Mixteca y la Costa Sur se recuperaron pronto, antes de 1760; otras como la zona de los Valles y la de la Costa Norte, permanecen oprimidas hasta por lo menos 1770.

Desciende también la parte proporcional con que contribuyen al diezmo total las regiones cuyas curvas de diezmo líquido bajan en términos absolutos. Las tres regiones más negativamente afectadas pasan de contribuir con un 36% entre 1724 y 1734 a un 30% entre 1754 y 1764. Las regiones que sostienen o recuperan pronto su nivel anterior, pasan por lo contrario de contribuir con un 28% del diezmo total entre 1724 y 1734 a contribuir con un 34% entre 1754 y 1764. Las regiones parecen pues compensarse mutuamente, estabilizando parcialmente el ingreso total del Obispado.

Si recordamos que hemos interpretado el inicio de una dinámica ascendente (1775) al menos parcialmente en función de las reformas administrativas y el cambio a una recolección más directa en 1781, podría pensarse retroactivamente que el estancamiento anterior se debió simplemente a una inadecuación entre el sistema administrativo vigente y un nuevo tipo de producción agrícola, de ranchos y haciendas dispersas. Tres hechos arguyen en contra de esta explicación:

1. que la producción se recupera definitivamente en los primeros años de la década de los setentas, mientras que la reforma en la organización de la recolección es de 1781.

[39] Taylor, "Las Haciendas coloniales . . .", *op. cit.*, p. 298.

2. que aunque el cambio a la recolección directa en otras zonas culminó en la penúltima década del siglo XVIII, había sido un proceso evolutivo de los cien años anteriores.

3. que no se trata en realidad de un estancamiento sino de un descenso más prolongado en la zona central y atlántica, compensado por la pronta recuperación y el sostenimiento del diezmo mixteco y por un leve ascenso posterior en la costa del Pacífico.

El hecho de que el período de estancamiento al igual que el auge de las últimas tres décadas del siglo coincidan en las curvas de diezmos de ambos Obispados sugiere además que las curvas reflejan fenómenos que afectaron no solamente a Oaxaca. Otros indicios concomitantes subrayan la necesidad de estudiar más de cerca el problema en todo el Virreinato. La curva que Brading construyó para los volúmenes de amonedación, como indicador de la producción minera, muestra una curiosa semejanza con las curvas de los diezmos: el mismo dinamismo ascendente en la fase 1710-1735; el mismo período de estancamiento a mediados del siglo con dos depresiones iguales —una a mediados de los treintas y otra a principios de los sesentas—; un lapso de vigoroso crecimiento (el "*boom*") en las últimas tres décadas del siglo y la caída vertical e irreversible de 1808-1810.[40] A pesar de que la serie minera muestra claramente otras influencias, la coincidencia es innegable.

Sin conocimiento de los índices de Brading, Robert West por su parte cree percibir una crisis sensible en la producción minera novohispana de mediados del siglo XVIII.[41]

Finalmente, el único estudio serio de precios agrícolas, el de los precios del maíz en la capital de Enrique Florescano, muestra que el período abarca también una serie de ciclos, cuya peculiaridad es la de tener "fases de expansión" (de precios en alza) mucho más largas que sus equivalentes "fases de contracción" o de precios descendientes. Esto significa que durante la mayor parte del período los precios estaban subiendo o eran elevados.[42]

Partiendo de todas estas coincidencias, es posible conjeturar una relación simbiótica entre la agricultura y la minería novohispanas. Hasta ahora esa relación se ha visto exclusivamente en términos microeconómicos. Se habla por ejemplo del complejo rancho-mina que formaban muchas típicas haciendas del norte. Pero una correlación positiva entre la producción minera en el norte y la producción agrícola del centro y sur indicaría una integración económica mucho más amplia y orgánica de lo que hasta ahora se ha pensado. En cualquier caso es impostergable el estudio dirigido a esclarecer los problemas y explotar la hipótesis que sugieren las coincidencias.

[40] Brading, *op. cit.*, p. 131.
[41] West, Robert, *Mining in Northern New Spain, op. cit.*, p. 25.
[42] Florescano, *Los precios del maíz y las crisis agrícolas, op. cit.*

OTRAS INDICACIONES DE LAS SERIES

Los mapas de distribución interna del diezmo oaxaqueño permiten por otra parte rastrear una geografía económica e histórica, es decir cambiante, en proceso de transformación. Indirectamente las series proveen información cualitativa sobre la evolución socioeconómica del Obispado.

Una comparación entre el diezmo que conocemos como principalmente indígena por un lado y el diezmo español por otro, en los años para los cuales hemos ilustrado la distribución, arroja los siguientes resultados:

años promediados	*diezmo principalmente de indios*	*principal diezmo español*	*total**
1624-1634	54.1%	?	
1694	47.7%	22.9%	70.1
1724-1734	44.4%	47.7%	92.1
1754-1764	43.3%	46.4%	89.7
1780-1781**	34.1%	50.5%	84.6

* Los porcentajes no totalizan cien porque hay una parte del diezmo que no se puede desglosar según su origen étnico con ningún grado de certeza.

** No es posible hacer la misma categorización para el período posterior a 1781 debido a los cambios discutidos en el sistema de recolección.[43]

[43] Las ilustraciones de la composición interna del diezmo se han elaborado con los promedios respectivos; el promedio del total recolectado representa el 100% y es igual a 360° en la circunferencia del círculo. El diezmo principalmente indígena se ha computado sumando el ganado menor del Valle, que desgraciadamente incluye también el de los dominicos, los trigos de Etla y el diezmo Mixteco. La principal parte del diezmo español —en realidad debería ser de gente de razón— se ha calculado sumando el ganando mayor del Valle, la Costa Norte (Alvarado y Acayuca), los Medios Agostaderos de Puebla, Tehuantepec, Jalapa y los "Beneficios". Las cifras se contaminan mucho en el último período (1791-1800) cuando el doble sistema de recolección que nos permita hacer este deslinde, se funde en uno solo; de hecho están contaminadas para 1780-1781.

La tendencia general parece clara. Hubo una disminución gradual de la importancia proporcional de la contribución indígena y una aparente compensación por el crecimiento de la contribución principalmente española. Esto indicaría a su vez un crecimiento bruto del sector económico constituido por la "gente de razón" en la economía del Obispado, a través de los siglos XVII y XVIII. Borah había intuido un proceso de este tipo en sus ensayos sobre la recolección del diezmo ya citado. No consideró, sin embargo, todas las implicaciones del fenómeno.

En principio no debemos olvidar que la población oaxaqueña era todavía en un 88% indígena en 1810. El que esta inmensa mayoría proporcionara solamente un 34% del producto agrícola diezmado en 1780 debe verse como un síntoma importante del proceso económico subyacente. Es preciso recordar que al menos en Oaxaca la contribución indígena al diezmo no indica nada con respeto a la producción de maíz, que era el cultivo más importante para los indios. El diezmo es, además, un indicador pobre de la producción de los derivados del maguey y la grana que tuvieron una importancia clave. En resumen el porcentaje indígena representa solamente su producción agrícola de tipo europeo. Esto no invalida el cuadro, puesto que la misma condición rige para los varios cortes temporales, pero sí condiciona nuestras posibles conclusiones.

El valor del cuadro no radica en la tendencia general obvia, subrayada en el párrafo anterior y apuntada por Borah. Lo que las cifras indican con mayor certeza es la marginalización gradual de la producción indígena frente a la española. Aunque los indios produjeran una gran cantidad de maíz y otros productos de valor comercial en términos relativos. Este es un punto de importancia fundamental.

Taylor ha demostrado en una forma definitiva que los indígenas de los valles lograron conservar la mejor y mayor parte de las tierras del valle a través de la época colonial. La conclusión de Taylor tiene interés puesto que fue precisamente en la zona de los valles donde más prosperaron —naturalmente— las haciendas españolas. De 83 haciendas que sabemos existían hacia 1810, más de un 50% estaban en los valles; un 20% aproximado estaban en la costa pacífica. Si los indígenas poseían la mayor parte de la tierra ahí donde más habían medrado los españoles, debía pensarse que su situación era inmejorable en otras zonas del Obispado por las que los españoles mostraron menos interés. Nuestros datos sugieren que (a pesar de la conservación de sus tierras) los indígenas no eran ya, a fines del siglo XVIII, los productores claves de Oaxaca. Los españoles se habían apoderado en un proceso —lento pero irreversible— de la producción agrícola de valor mercantil. Esto a su vez debe sugerirnos dudas con relación a generalizaciones basadas exclusivamente en estudios de tenencia de la tierra, sin referencia a la producción propiamente.

Una excepción importante con respecto a la marginación de la producción del indio es supuestamente el caso de la grana. Los trabajos realizados hasta ahora se basan en la suposición —aparentemente bien sustentada— de que los principales cosecheros del tinte animal eran los indígenas. Nada podemos afirmar en contra de esto, puesto que el diezmo tampoco es un buen indicador de la producción del tinte. Los indígenas no lo pagaban y los españoles pagaban una tasa mínima. La Iglesia había intentado, sin éxito, imponer a los indígenas el pago del diezmo de la grana. Varios esfuerzos en este sentido están registrados en cartas patronales de 1702, 1715, 1740, 1773 y 1780. Especialmente ilustrativo resulta el edicto episcopal de 1780 conocido como "El Edicto Sangriento" que amenazaba excomulgar a los "herejes" que no pagaban el diezmo completo. Se cobraba por costumbre de un 2 a un 4% de su cosecha a los hacendados españoles, quienes protestaron enérgicamente contra el pretendido cobro del 10% logrando anular el decreto (Hamnett, pp. 91-96). El debate continuó. Para nosotros lo importante es que el vigor de las protestas contra el edicto de 1780 provenía de los cosecheros españoles que alegaban no poder competir con los indígenas exentos, si se les cobraba el diezmo completo.

Esto sugiere que los españoles estaban penetrando también en la producción directa de la grana; es decir, que el proceso general de apropiación de los rubros comerciales se estaba dando de la misma forma en este caso supuestamente excepcional. Los diezmos difícilmente podrán servir para apoyar esta hipótesis más que en forma indirecta. De hecho parecería que la exención de la grana indígena actuó originalmente como una barrera protectora contra la intromisión española. A la luz del estudio de Taylor, las necesidades mismas de mano de obra de la producción fueron probablemente el factor determinante del lento progreso español en este campo.

También se pueden seguir las pistas que da la información con respecto a cambios en la estructura geográfica de la economía. Acompañados por las curvas de diezmos de las diferentes regiones geográficas, los círculos de distribución interna constituyen una historia de la expansión de la ganadería hacia las costas despobladas y muestran simultáneamente un relativo estancamiento de la actividad ganadera en la zona poblada de los Valles. Resalta la posibilidad de que el estancamiento en la zona central explique la necesidad de expansión costera. La zona de la "Costa Norte" pasa de representar un 2% del diezmo global en 1694 a un 15% entre 1724 y 1734 y a un 17.3% entre 1754 y 1764, a pesar de ser una de las zonas afectadas por el estancamiento prolongado de mediados del siglo. La partida de Tehuantepec y Jalapa, que aparece por primera vez en 1716 muestra un desarrollo paralelo al de la Costa Norte en cuanto a su papel en la composición interna del diezmo, como también la de los Beneficios de la Mixteca de la Costa.

El desarrollo ganadero tardío de las costas es congruente, ya que los mercados siguen estando en el centro. La Hacienda de Cortijos, por ejemplo, una de las principales en la Costa Mixteca, enviaba anualmente partidas grandes de ganado a Oaxaca. El hecho de que el ganado caminara a su propio mercado no dejaba de tener sus inconvenientes ya que la larga travesía implicaba robos y pérdidas.[44] Aparte del ganado, las costas producen algodón y azúcar; el algodón se consume en los obrajes del interior pero su cultivo es especialmente favorecido por las circunstancias climáticas de la costa. La producción de azúcar, que parece crecer mucho en la última parte del siglo XVIII, aparece cada vez más dominada por los Jesuitas que pagan su diezmo a regañadientes. Algunos hacendados de Jicayan producen tinte. El análisis de las curvas de valores absolutos para las diferentes regiones nos permite complementar el estudio de las gráficas de distribución interna del diezmo. Las curvas de Los Valles y La Mixteca muestran un impresionante desarrollo en el siglo XVII. Después de la primera década del siglo XVIII, casi todas las regiones manifiestan una tendencia general a subir, hasta cerca de 1737. Suben sin embargo con diferente fuerza. Las zonas costeras, como era de esperarse, muestran una pendiente más alta (99.6 y 68.2) que las zonas centrales (58.3 y 56.3). La única excepción parcial a este patrón general es la curva Mixteca, que conserva mucho de su ímpetu y sigue creciendo a través de las primeras décadas del XVIII, con una pendiente de 82.7. Todas las curvas parecen recuperarse en las últimas décadas del siglo. Muchas sin embargo se vuelven cada vez menos confiables después de 1780, especialmente las costeras, que se ven afectadas seriamente por la creación de las nuevas Colecturías. En todo caso resalta nuevamente la Mixteca con una pendiente positiva (de 1076.9) para los últimos años del siglo, 5.7 veces más alta que la pendiente positiva que le sigue, perteneciente a los beneficios de la Mixteca de la Costa.[45] Estos datos exigen algún tipo de explicación provisional. De hecho configuran un esquema general de crecimiento agropecuario desde el centro del Obispado hacia la periferia. Es decir un crecimiento dominado por las necesidades de Antequera. Podría apuntarse la hipótesis de que en el curso del siglo XVII las posibilidades de crecimiento en las zonas centrales parecen saturarse y que, en la medida que esto sucedió, se obligó a un crecimiento más acelerado de las zonas periféricas hacia fines del siglo XVII. Todo esto implicaría una integración regional de todo el Obispado.

Así se explican también las caídas de la mayor parte de las zonas periféricas cada vez que hay una depresión en el centro. Las curvas parecen reflejar efectos económicos de arrastre de la zona central sobre las demás. Algunas zonas se comportan a ese respecto con más independencia que otras. La Mixteca, que está en lo que podríamos llamar la frontera con la zona poblana y más tarde, la zona del Istmo, más asociada con la economía guatemalteca.

[44] "Queja del mayordomo de 'los Cortijos' sobre la pérdida por robo de ganados de una partida en tránsito" a Antequera, presentada ante el Alcalde Mayor de Yanhuitlán, 1744. Archivo Judicial de Teposcolula, BMNAH, Serie Oaxaca, rollo 1.

[45] La computadora calcula la pendiente de la curva en base a la ecuación que describe la línea más próxima a la mayor parte de los valores en "el diagrama de dispersión".

Especialización geográfica

Los libros de diezmos permiten desglosar parcialmente los tipos de productos que se diezmaban en diferentes regiones. Dos de las partidas más importantes de la zona de los Valles por ejemplo son: Trigos de Etla y Ganado Menor. Una comparación de sus respectivas curvas muestra que el trigo es mucho más susceptible a bajar durante los períodos de crisis discutidos. El ganado en efecto es mucho más resistente a la sequía o al descuido humano que el trigo. Quizás esta resistencia ayude, junto con los factores demográficos, a explicar la preponderancia ganadera en el desarrollo del campo oaxaqueño.

A través del siglo XVIII los productos diezmados se diversifican. Sube impresionantemente la producción de azúcar, algodón, grana, frutas y legumbres. Este proceso de diversificación no es, empero, mensurable a partir de los Libros de Diezmos del Obispado, para su estudio, como para el de las fluctuaciones de producción y precios, podemos recurrir a los mapas, documentos de tasaciones y Cuadernos de Recolección de Diezmos que existen para muchas zonas geográficas de diferentes Obispados y que abundan especialmente para el siglo XVIII y que registran no sólo el valor del diezmo recaudado sino también el volumen de cada producto con su respectivo precio por diezmatario y por pueblo. Para la Mixteca tenemos los Cuadernos de Recaudación desde 1747 hasta 1810.[46]

Los cuadernos de recolección que registran, junto con el valor en pesos de lo recolectado, el monto o volumen de productos diezmados y los precios

[46] Véanse las secciones finales de los Libros de diezmo del Obispado donde se hace el repartimiento anual, ACO, BMNAH, Serie Oaxaca, rollos 80-100. Véanse también los libros de Actas capitulares, por ejemplo la del Cabildo de noviembre 15 de 1698, ACO, BMNAH, Serie Oaxaca, rollo 72, ff. 122v-125.

unitarios, permitirán hacer estudios de precios. Contrastando el comportamiento de los precios con el de los valores recolectados podremos solventar definitivamente el problema de las posibles compensaciones —en la curva del valor— por efectos de mercado.

Es difícil decir mucho más en el estado actual de los estudios sobre diezmos. En forma de conclusión nos limitaremos a resumir las observaciones más importantes sobre las características de las curvas oaxaqueñas y a compararlas con las conclusiones de los estudios análogos en Michoacán y Puebla.

Características de diferentes tipos de curvas y sus usos

Las series en sí no permiten ir más lejos en cuanto a integración se refiere. Valga aquí una reflexión metodológica de movimientos o tendencias a largo plazo. Las curvas de frecuencias naturales pueden precisar con claridad las coyunturas: crisis agrícolas y años de cosechas muy abundantes y vacas gordas. Hemos aludido ya a la utilidad de las curvas de frecuencia de los Obispados en este sentido. En vista de las compensaciones interregionales en la curva del Obispado, las series de las regiones comparadas entre sí y con la del Obispado resultan más significativas a este respecto.

Las curvas de las regiones comparadas enseñan, por ejemplo, que la periodicidad de las crisis agrícolas debe manejarse con sumo cuidado. Aunque los críticos parecen coincidir en lapsos con dos o hasta tres años de margen, casi nunca se dan el mismo año en regiones diferentes. La violencia relativa de las crisis también varía. De modo que si comparamos por ejemplo las curvas de los Valles y la Mixteca, es claro que en los Valles fueron más impactantes las crisis de 1711-1712 y la de 1734-1738, mientras que en la Mixteca las crisis correspondientes de 1715-1716 y 1739-1742 fueron de menor intensidad que las de 1752-1754 y las de 1762-1765. El estudio de las coyunturas regionales deberá servir para las monografías históricas circunscritas a espacios más limitados. La conclusión principal al respecto es que se debe tener mucha cautela con las generalizaciones que parten de datos incompletos e impresionistas.

Por otra parte las curvas de medias móviles con intervalos de dos años suavizan la violencia de las fluctuaciones coyunturales y permiten estudiar con más atención los ciclos "decenales".[47] Las curvas de este tipo del Obis-

[47] *Ibid.* Generalmente se consideran autoridades a este respecto a los maestros de la escuela francesa, específicamente Labrouse y aunque menciona y señala los interciclos evidentes en sus curvas no los explica ni los toma en consideración para el análisis. Se pone "decenales" entre comillas porque al menos en nuestro caso no se trata de ciclos de diez años.

pado y de la Mixteca muestran ocho ciclos completos con una duración media de doce años y medio. En ambos casos resalta también la importancia de los componentes del ciclo mayor que se han llamado "interciclos". En nuestros casos éstos tienen una duración media de seis años. Los interciclos son particularmente interesantes, porque tanto los agricultores —que están más cerca del fenómeno que los historiadores— como algunos economistas clásicos preocupados por la agricultura suelen hablar de ciclos de seis y siete años. Véanse por ejemplo las ideas del terrateniente y economista irlandés William Petty sobre los inevitables ciclos de siete años.[48] Es muy posible que se le haya dado a los "interciclos" menor importancia de la que tienen. Estos deberán resultar particularmente pertinentes en el análisis microeconómico.

Naturalmente las curvas más indicadas para estudiar las tendencias a largo plazo son las de medias móviles a intervalos mayores de 5 o 10 años. Estas reducen la complejidad de movimientos a una sucesión de vectores simplificados, haciendo la gráfica más visible en su conjunto. El problema principal de este tipo de curva es que, aunque salta con éxito lagunas pequeñas, se ve seriamente afectada por lagunas de más de 5 años. Los vacíos tienden a provocar en las gráficas de medias móviles depresiones ilusorias como las que se perciben en casi todas las curvas de este tipo para las regiones diferentes y contra las cuales el lector queda advertido. En nuestro caso particular las únicas curvas completamente confiables de este tipo son las de la Mixteca y del Obispado, en cuyas series no hay —por razones circunstanciales—, lagunas mayores de dos años. Es por esto que las hemos utilizado en mayor grado para la interpretación. Las demás sin embargo son legibles y ayudan a la lectura del material si se guarda una distancia prudente respecto de los huecos y se mantiene en mente el comportamiento de las frecuencias.

Las curvas logarítmicas tienen, sobre todo, el valor de permitir comparaciones sumarias de curvas componentes con la curva matriz del Obispado, a pesar de que los valores absolutos pueden estar en escalas incompatibles. En el caso de Oaxaca las curvas componentes tienen un rango de 5 a 20 mil mientras que la curva matriz va de 50 a 120 mil. Los logaritmos correspondientes pueden trazarse fácilmente en una plana semilogarítmica de dos ciclos. En general la comparación ilustra un fenómeno sobre el que se ha insistido mucho, el de las compensaciones intrarregionales en la curva matriz.

Las curvas regionales, expuestas a distorsiones mayores por factores aleatorios, fluctúan a veces violentamente mientras que la curva matriz es muy estable. Esta última es en efecto una curva-resumen; en ella se compensan las fluctuaciones contrarias de las series regionales. Es curioso observar que, en la curva logarítmica matriz, nuestro período de estancamiento crítico se manifiesta casi como una línea horizontal con cuatro leves depresiones.

[48] Brading, *op. cit.* p. 30.

Una última palabra con respecto al manejo técnico del material. La proporción de las escalas verticales y horizontales parece de suma importancia. El manejo adecuado de las escalas no sólo garantiza una perspectiva más objetiva de la gráfica sino también su legibilidad. Se incluye un ejemplo de una gráfica con una escala horizontal comprimida. (Mixteca medias móviles de 2 años de intervalo). Aunque la escala comprimida dramatiza algunas de sus características. borra otras por completo. En cualquier caso el efecto de dramatización de la escala horizontal comprimida es una distorsión no menos molesta por ser común en la historiografía.

CONCLUSION:
BALANCE, LIMITES Y PROBLEMAS ADICIONALES DE LA FUENTE

Balance

La información decimal nos permitió revisar las principales tesis vigentes sobre la economía colonial novohispana. Con esa revisión ofrecemos una nueva hipótesis sobre la economía del siglo XVIII, quedando establecido más allá de cualquier duda el valor del diezmo como fuente para el estudio de la producción agropecuaria.

A pesar de su supuesta exención el indígena fue —a través del siglo XVI— el principal diezmatario. Esto significa que, ciertamente en Oaxaca, pero probablemente en la zonas más densamente pobladas del virreinato, el indio era el principal productor. Comprobamos también que a pesar de la catástrofe demográfica que indudablemente sufrió la población indígena a fines del XVI, la producción campesina comercial (de tipo europeo, probablemente ganado) creció en términos absolutos a través del siglo XVII.

Por otra parte, la principal característica del siglo "de la depresión" parece ser el acelerado crecimiento del sector productivo español y mestizo, crecimiento que se sostuvo durante todo el período colonial. Tuvo que darse naturalmente una competencia entre la producción comercial indígena y la española o mestiza. Las cifras permiten inferir que la producción española desplazó gradualmente a la producción indígena, ocupando una porción cada vez mayor del volumen total. Hacia fines del siglo XVIII la producción campesina conservaba una importancia central sólo en zonas marginales, en las que no parecían interesados los españoles.

Para el siglo XVIII en que las series son muy completas analizamos las fluctuaciones marcadas de la producción. Luego de un efímero descenso a principios del siglo observamos un crecimiento vigoroso hasta mediada la década de los treintas. Sin embargo, a pesar de una creciente racionalización de los sistemas de recaudación y las concomitantes mejoras en los sistemas de contabilidad y registro, sobreviene luego un largo período de estancamiento entre 1735 y 1770. Este es probablemente el principal hallazgo del análisis de la serie. Se trata de un período de crisis cíclicas acentuadas por los problemas poblacionales que acarrearon dos terribles epidemias. Encontramos que los datos incompletos de la serie poblana señalan hacia la coincidencia de un estancamiento productivo en el obispado vecino. Y resaltamos que el prolongado estancamiento agrícola novohispano de mediados del siglo XVIII podría estar asociado con una simultánea crisis de la minería del norte. La hipótesis de esta larga depresión deberá someterse a comprobación y sus consecuencias deberán explorarse en la investigación futura.

El descubrimiento de este período de estancamiento nos permitió también hacer alguna reflexión sobre la tesis del "auge" borbónico. Parece indudable que en las últimas tres décadas del siglo se dio un animado crecimiento de la agricultura novohispana. Todavía más notable parece el crecimiento minero en el mismo lapso. Lo más probable es que este crecimiento estuvo asociado a la política borbónica de liberación del comercio. Pero debemos acotar muy bien el concepto de "auge"; primero temporalmente, puesto que el fenómeno sólo es perceptible en las últimas tres décadas del siglo y segundo en cuanto a magnitud porque, aunque significativo, el crecimiento relativo en ese lapso —en la agricultura por lo menos— fue menor o igual que los crecimientos relativos correspondientes a otras épocas de bonanza en los dos siglos anteriores.

La documentación decimal y anexa por otra parte permitieron corroborar la idea ya generalizada sobre el dinámico papel de la Iglesia en la economía colonial. A principios del siglo XVIII la "Fábrica" de la Iglesia Oaxaqueña recibía anualmente además de las rentas decimales, 13 350 pesos promedio, por concepto de otras rentas. Este monto subió rápidamente de modo que en la última década del mismo siglo, la Fábrica recibía anualmente 147 550 pesos, por rentas no decimales. Estas entradas provienen principalmente de censos sobre tierras y alquileres de propiedades urbanas y aunque éstas a su vez habían sido obtenidas originalmente con fondos de los diezmos, evidentemente llegaron a ser más importantes que la renta decimal propiamente dicha.[49] La Iglesia oaxaqueña actuaba pues como principal Banco Agrícola y como hábil inversionista en bienes raíces. El trabajo de Medina Rubio con la contabilidad de la Catedral poblana encuentra fundamentalmente el mismo fenómeno.

La incrementada capacidad financiera de la mitra oaxaqueña estuvo asociada con una tendencia cada vez más marcada a hipotecar las tierras de las haciendas en los Valles centrales. Este fenómeno se agudizó particularmente entre 1699 y 1760 (vid. Taylor). Vimos cómo precisamente con la sexta década del siglo, se cerró el ciclo largo de crisis agrícola particularmente

[49] Medina Rubio, *op. cit.*, pp. 208-210.

severa en los Valles. Es claro que crisis e hipotecas están asociadas. Taylor indica la importancia socioeconómica del fenómeno cuando observa que debido a las frecuentes ventas obligadas por las hipotecas, los terratenientes oaxaqueños nunca llegaron a constituir un grupo cerrado.

Medina Rubio concluye que se trata de una economía agrícola "dependiente" de la Iglesia. Pero hay que señalar que éste es un fenómeno que sólo atañe a algunas grandes propiedades y que uno de los hallazgos más significativos de la investigación de Taylor en Oaxaca es que las haciendas no eran, ahí, la unidad productiva dominante. Hace falta buscar las causas estructurales de esa "dependencia" y encontrar la racionalidad propia del sistema crediticio de la época. La inestabilidad (*turnover*) violenta de la gran propiedad oaxaqueña sugiere que existía una fuerte competencia al interior del sistema de haciendas o entre haciendas y ranchos que deberá reflejarse en el estudio cuidadoso o individualizado de los diezmos. Tal competencia puede haber resultado en una mayor susceptibilidad de la empresa reforzando su tendencia a endeudarse en años malos y provocando la "quiebra" en años catastróficos.

Los límites

Los datos de la contabilidad eclesiástica tienen sus propios límites. La conclusión de Medina Rubio de que el diezmo constituyó una carga que junto con la dependencia crediticia "impidió la acumulación de capital" en Nueva España[50] a todas luces rebasa las posibilidades del material. Se trata de una hipótesis inspirada más bien en un equívoco prejuicio que en la información; prejuicio que también lleva al autor a simplificar el conflicto alrededor de los diezmos de indios en el siglo XVI y a emitir una serie de juicios de valor injustificados al acusar a los Obispos de "tramposos" o al hablar de "codicia decimal". Lo grave es que la aseveración con respecto a la obstaculización de la acumulación de capital aspira a la categoría de concepto analítico.

Habría que comprobar primero que no hubo acumulación en el agro novohispano. Después habría que desglosar los efectos de los múltiples factores que incidían en la economía de la hacienda: sus mercados, su productividad, etc., antes de poder condenar al diezmo y al sistema crediticio por la hipotética falta de acumulación. Sin duda en la diferente racionalidad de la hacienda la acumulación de tierras (en todo caso capitalizables) jugaba un mayor papel que la acumulación de capital propiamente, debido a causas históricas específicas, entre las que destacaría a primera vista el bajo rendimiento del capital y sus escasas posibilidades de colocación.

El capital como "riqueza apropiada para la reproducción" (J.S.M.H.) no aparece como factor clave en las haciendas novohispanas. La economía agrícola colonial, con los niveles técnicos con que operaba y por el modo en que estaba organizada para producir y articulada institucionalmente con la sociedad, no necesitaba capital en gran escala. Taylor encuentra por ejemplo que la principal inversión de las haciendas en los valles de Oaxaca era la del

[50] Florescano, E., *Estructuras y problemas agrarios en México*. México, 1971, p. 162.

casco. Consecuentemente los préstamos eclesiásticos a los hacendados no pueden verse en función de las necesidades productivas del hacendado ni como obstáculos a la acumulación. El peonaje, el pago de raciones y un conjunto de relaciones sociales peculiares significaban que el capital tenía poca importancia para el pago del trabajo en las unidades productivas más modernas. Como medio para la adquisición de tierra el capital tenía un peso secundario, dados los bajos precios y los muchos otros medios legales e informales para acumular tierra. De modo que cuando —conscientes de esas diferencias— centramos el problema de las haciendas en su supuesta "falta de acumulación de capital" cometemos el pecado de la ahistoricidad en el análisis. El concepto mismo de acumulación capitalista —estrictamente definido— cuando se aplica a la economía agrícola colonial resulta un monumental equívoco de mínimo valor explicativo. En cuanto al diezmo como drenaje que impide la acumulación habría que preguntarse finalmente por qué el mismo impuesto no fue estorbo para la acumulación en los países europeos en que se siguió cobrando hasta mucho después de abolido en México, o por qué no se acumuló rápidamente el capital en el agro mexicano después de abolido el diezmo en 1833.

En cuanto a la Iglesia es preciso recordar que no era ni principal ni exclusivamente un agente económico. Pero en cuanto tal sus fondos garantizaban el funcionamiento de los hospitales de pobres, casas de huérfanos, colegios y seminarios además de sostener al alto clero que, a su vez, desempeñaba actividades directivas cruciales en un amplio sistema de servicios administrativos y culturales. Los Libros del Diezmo y las Actas Capitulares proveían evidencia de que las rentas decimales eran un 9% asignadas automáticamente a los Hospitales y que los fondos de los censos eran comúnmente "aplicados" a cátedras en las instituciones educativas. Respecto del diezmo y su función social, Enrique Florescano reconoce que "en los períodos de escasez y hambre el maíz del diezmo era utilizado en favor de los pobres y en contra del monopolista".[51] Las reservas de granos diezmados se vendían masivamente en épocas de crisis a precios no competitivos, aliviando la escasez y rebajando los precios especulativos; constituían pues una reserva social.

[51] "Los libros de los diezmos de las Mixteca Alta y Baja". ACO, BMNAH, Serie Oaxaca, rollos 75 a 80.

Problemas adicionales

Es claro que la principal utilidad de los diezmos es la de reflejarnos las fluctuaciones a largo plazo en la producción. Los problemas técnicos que subsisten como el de una posible compensación de precios más altos por volumen reducido en las curvas del valor total, podrán subsanarse con el estudio de las fuentes más detalladas, en que se incluyen el volumen del producto diezmado y sus precios.[52] Si en efecto hubiera tal compensación podríamos esperar que en los años de crisis se registraran precios unitarios más altos y volúmenes menores del producto. En los años buenos por el contrario encontraríamos volúmenes subidos de producción y precios correspondientemente más bajos. Las series largas de precios que así podrían obtenerse, se correlacionarían con las tendencias a largo plazo de la producción agrícola estimada. Estas operaciones serán, sin duda, aproximaciones importantes para el estudio de la economía colonial. Los datos de Oaxaca, sin embargo, no muestran variación alguna en los precios decimales, en cuyo caso la serie ilustra netamente a la producción.

El estudio sistemático de los diezmos de varios Obispados permitirá una comprensión más profunda de los factores mecánicos objetivos que se vislumbran como determinantes de la economía colonial. Una avenida aún inexplorada de investigación, por ejemplo, es la de la compaginación de los datos que los diezmos ofrecen sobre producción y los datos sobre población, especialmente los más fundados en las últimas décadas de la colonia. Una comparación superficial parece indicar que el Arzobispado de México a pesar de tener el más alto valor decimal tiene la menor producción *per capita* mien-

[52] Los cálculos se pueden hacer en base al diezmo y los cálculos de población que trae Humboldt para principios del siglo XIX. Véase Florescano, "La época de las reformas . . .", *op. cit.*

tras que el Obispado de Oaxaca con el diezmo menos valioso (entre los cuatro Obispados principales) tiene la producción *per capita* más alta. La relación entre la producción y la población es, sin embargo, mucho más compleja. Su comprensión plena necesitaría un trabajo más intensivo que incorporase factores de superficie y clima, por ejemplo.

Pero además la información individualizada (por productor-contribuyente) puede manejarse en una matriz de estratos sociales definidos por frecuencias mismas de los casos en la escala, permitiendo así un estudio no sólo de la estratificación socio-económica en el campo, sino también de la movilidad dentro de esa estratificación.

Combinando el estudio económico con el de la movilidad social podremos medir el grado en que la mecánica económica explica la movilidad. Pero para este propósito necesitaremos calibrar con más precisión la exactitud del diezmo como indicador particular.

Vimos cómo los cambiantes sistemas de recolección afectaron el volumen del producto recaudado. Es evidente que el diezmo recibido por alquiler o "yguala" fue un deficiente indicador de la producción, ya que en estos casos el derecho de la contribución se alquila o "yguala" por períodos hasta de seis años.

Al cambiar el sistema directo el diezmo se convirtió presumiblemente en un indicador más sensible, estableciéndose medidas tales como las declaraciones juradas y firmadas del diezmatario, las evaluaciones también juradas de los recolectores y más tarde el sistema de tasaciones anuales. Pero el alza subsiguiente en el volumen y el valor del diezmo no es necesariamente función pura de una producción incrementada sino también de la eliminación de costos administrativos y de una posible carga más severa, en términos relativos, sobre la producción misma, ya que el agente recaudador trabajaba en base a una comisión o porcentaje de lo que recaudaba y las tasaciones pueden presumirse más rigurosas que las declaraciones de los diezmatarios o las evaluaciones de los renteros.

Incluso en los diezmos de indios, recolectados directamente desde un principio, el perfeccionamiento del sistema de recaudación (bodegas, sistemas de transporte, etc.) puede haber resultado en un incremento de volumen y valor recaudado no debido a la producción. Obsérvese por ejemplo el notorio salto de los diezmos mixtecos en la última década del siglo XVIII. El problema se concretiza en la pregunta ¿Cómo corregir las distorsiones que estos factores institucionales introducen en nuestras curvas de volumen y valor recolectado? A nivel global quizás la única solución sea una manipulación sofisticada de las curvas de precios que no tendrían por qué haber sido afectadas por el sistema de colecta. Pero para estudiar la movilidad tendremos que precisar el valor del diezmo como indicador de la producción a nivel del productor individual.

Seguramente podríamos construir con precisión razonable un índice de los efectos de estas mejoras administrativas sobre el diezmo de las grandes haciendas, a través de las contabilidades de algunas de ellas. Con respecto a la producción campesina, para lo cual no tenemos otra fuente cuantitativa, el problema es mucho más grave. Los abundantes libros de las cofradías[53] campesinas podrían permitir una comparación del potencial productivo indicado por los inventarios anuales de sus bienes con la contribución decimal. Constatada así la validez de esta última como indicador, se podría profundizar en la importancia de la economía corporada para los campesinos y la economía colonial en general.

Al nivel del campesino individual la única solución parece ser la de calcular la medida en que el diezmo reflejaba la cuantía de los bienes declarados en algunos testamentos. Pero para reunir una cantidad —estadísticamente significativa— de este tipo de información, se necesitaría formar equipos de trabajo extensos, lo que no parece plausible dadas las condiciones de desarrollo de la investigación.

Por lo pronto, la riqueza misma de la información decimal susceptible de ser manejada en las diferentes formas esbozadas arriba permite vislumbrar —a corto plazo— la posibilidad de reunir con técnicas matemáticas adecuadas un cuerpo estadístico que pueda tomarse como base para la discusión teórica sobre la economía y la sociedad colonial. Por una parte ninguna otra fuente ofrece un potencial tan rico. Por otra, sin una base de información como la que es posible extraer del diezmo, la discusión seguirá siendo errática o fantasiosa, independientemente de la escuela o ideología del estudioso.

[53] Los libros de cofradías abundan no sólo en el fondo correspondiente del AGN sino sobre todo en los archivos parroquiales locales.

Advertencia

Se presentan la mayor parte de las tablas con que fueron elaboradas las gráficas para facilitar el uso del libro en la enseñanza de métodos cuantitativos. Publicar todas las tablas hubiera resultado oneroso e inútil a la vez, por lo que se optó por un criterio selectivo que ilustre completamente todas las gráficas incluidas.

		Mixteca	%	Obispado	%
1:701	15451	8721	0.7	41740	0.7
2:702	13895	9765	"	44333	"
3:703	12383	9048	"	44309	"
4:704	12561	9659	"	42010	"
5:706	10119	9813	"	41512	"
6:707	9771	8160	0.6	38996	0.6
7:708	10311	8563	0.7	40020	0.7
8:709	13654	8837	"	44062	"
9:710	10484	8718	"	41410	"
10:711	11995	11155	0.9	53026	0.9
11:712	7095	11872	"	38207	0.6
12:714	13831	10592	0.8	68407	1.1
13:715	15012	15113	1.2	54916	0.9
14:716	6464	11932	0.9	39507	0.6
15:717	9424	9214	0.7	42343	0.7
16:718	14671	11482	0.9	49226	0.8
17:719	12708	11999	0.9	48486	"
18:720	13982	11200	"	51004	"
19:721	9505	11580	"	44096	0.7
20:722	12861	13376	1.0	53334	0.9
21:723	12246	13273	"	51850	"
22:724	10868	12732	"	50024	0.8
23:725	12183	11909	0.9	50695	0.8
24:726	14733	11292	"	51969	0.9
25:728	9516	11800	"	46040	0.8
26:729	13988	9426	0.7	45197	0.7
27:730	11835	12843	1.0	47834	0.8
28:731	13289	13133	"	50429	"
29:733	14789	13542	"	58737	1.0
30:734	13110	11802	0.9	51553	0.8
31:735	11820	13804	1.1	55552	0.9
32:736	12911	11496	0.9	56000	"
33:737	12894	15522	1.2	62809	1.0
34:738	9965	13188	1.0	56867	0.9
35:739	11572	14580	1.1	56042	0.9
36:740	12255	11556	0.9	52000	"
37:741	9539	11379	"	47016	8.8
38:742	13062	13151	1.0	58673	1.0
39:743	15674	13205	"	58847	"
40:744	13979	15139	1.2	60177	"
41:745	12670	13805	1.1	54926	0.9
42:746	10853	15685	1.2	56482	"
43:747	10705	13544	1.0	58553	1.0
44:748	9287	14546	1.1	57151	0.9
45:749	12005	14131	"	51090	0.8
46:750	10451	11398	0.9	60008	1.0
47:751	11444	15858	1.2	64791	1.1

'ORMALES Y RELATIVAS

		Mixteca	%	Obispado	%
48:752	0	0		0	
49:753	11473	9919	0.8	63103	1.0
50:754	15202	9700	0.7	58705	"
51:755	13249	14479	1.1	58121	"
52:756	12151	14467	1.1	55323	0.9
53:757	11990	19411	1.5	66009	1.1
54:758	12838	14564	1.1	58500	1.0
55:759	10185	16316	1.1	61002	1.0
56:761	10359	20935	1.6	60362	"
57:762	10106	17983	1.4	58883	"
58:763	10458	13722	1.0	57500	0.9
59:764	8578	12574	"	52000	"
60:765	10553	12805	"	60300	1.0
61:766	9665	16317	1.2	60135	"
62:767	9683	12836	1.0	61526	"
63:768	10465	15408	1.2	60708	"
64:769	10048	13254	1.0	0	1.1
65:771	0	15422	1.2	64718	1.1
66:772	0	15315	1.2	64648	1.1
67:773	0	17140	1.3	66635	1.1
68:774	0	14020	1.1	68159	"
69:775	0	14426	"	69667	1.4
70:776	0	14417	1.1	87294	1.2
71:777	0	14008	"	74423	0.9
72:778	0	13599	1.0	57372	1.4
73:779	0	14202	1.1	85201	1.3
74:780	14467	15427	1.2	81542	1.1
75:781	15056	14196	1.1	68897	1.3
76:782	0	17932	1.4	79200	"
77:784	0	17150	1.3	79251	"
78:785	0	17739	1.4	79000	1.2
79:786	0	16449	1.3	73524	1.2
80:787	0	16443	1.3	70134	1.1
81:788	0	17011	1.3	68182	1.4
82:789	0	18960	1.4	82280	"
83:790	0	0		86012	
84:791	23820	20043	1.5	76629	1.3
85:792	21785	21117	1.6	83523	1.4
86:793	23614	17562	1.3	95697	1.6
87:794	25594	17585	1.3	85202	1.4
88:795	21646	20170	1.5	81672	1.3
89:796	22337	20891	1.6	89134	1.5
90:797	23556	24392	1.9	94889	1.6
91:798	23842	23946	1.8	94830	1.6
92:799	22962	26688	2.0	90141	1.5
93:800	20868	22273	1.7	90832	1.5

	Normal	Relativa		Normal	Relativa
701	1732	0.5	726	–	–
702	3712	1.0	727	–	
703	–	–	728	3393	1.0
704	3037	0.9	729	2464	0.7
705	–	–	730	2843	0.8
706	–	–	731	4327	1.2
707	4925	1.4	732	–	
708	4739	1.3	733	6165	1.7
709	4124	1.2	734	1959	0.6
710	5179	1.5	735	5990	1.7
711	6073	1.7	736	4005	11
712	3354	0.9	737	6043	1.7
713	–	–	738	5737	1.6
714	–	–	739	5408	1.5
715	4910	1.4	740	5333	1.5
716	2349	0.7	741	5148	1.5
717	3316	0.9	742	6075	1.7
718	4085	1.2	743	4894	1.4
719	4693	1.3	744	5048	1.4
720	3827	1.1	745	5048	1.6
721	2897	0.8	746	5506	1.6
722	4015	1.1	747	5246	1.5
723	4600	1.3	748	6002	1.7
724	3895	1.1	749	5235	1.5
725	5898	1.7	750	5616	1.6

	Normal	Relativa		Normal	Relativa
751	8960	2.5	776	–	
752			777	–	
753	6188	1.7	778	–	
754	6036	1.7	779	–	
755	4990	1.4	780	12540	3.5
756	3901		781	407	0.1
757	4762	1.3	782	–	
758	5662	1.6	783	–	
759	4276	1.2	784	–	
760			785	–	
761	5455	1.5	786	–	
762	8840	2.5	787	–	
763	–		788	–	
764	–		789	–	
765	6353	1.8	790	–	
766	6083	1.7	791	6225	1.8
767	5180	1.5	792	6400	1.8
768	5802	1.6	793	5200	1.5
769	4994	1.4	794	5300	1.5
770	–		795	5700	1.6
771	–		796	8862	2.5
772	–		797	6300	1.8
773	–		798	6300	1.8
774	–		799	7360	2.1
775	–		800	6802	1.9

TABULACION DE FRECUENCIA RELATIVA – TRIGO VALLES

Año	*Relativa*	*Año*	*Relativa*
1701	.9	1742	1.6
1702	1.8	1743	2.6
1703	1.3	1744	1.6
1704	1.3	1745	1.9
1706	.4	1746	1.8
1707	.6	1747	1.4
1708	1.3	1748	1.1
1709	1.6	1749	1.1
1710	1.0	1750	1.0
1711	1.2	1751	1.1
1712	.5	1753	.6
1713	.9	1754	1.0
1714	.9	1755	1.3
1715	1.7	1756	1.0
1716	.8	1757	1.0
1717	1.2	1758	1.3
1718	1.8	1759	1.0
1719	1.3	1761	1.1
1720	1.9	1762	1.5
1721	1.0	1763	.7
1722	1.4	1764	.9
1723	1.2	1765	.3
1724	1.6	1766	.8
1725	1.4	1767	.6
1726	2.1	1768	.9
1728	1.0	1769	.8
1729	1.6	1780	1.8
1730	1.4	1781	1.2
1731	1.4	1791	1.9
1733	1.9	1792	1.7
1734	1.6	1793	1.8
1735	1.4	1794	2.3
1736	1.7	1795	1.8
1737	1.8	1796	1.5
1738	1.0	1797	1.5
1739	1.6	1798	1.3
1740	1.3	1799	1.6
1741	1.3	1800	1.7

TABULACION DE FRECUENCIA NORMAL – TRIGO VALLES

Año	*Normal*	*Año*	*Normal*
1701	2881	1742	5149
1702	6007	1743	8740
1703	4214	1744	5215
1704	4320	1745	6114
1706	1293	1746	5791
1707	2057	1747	4549
1708	4370	1748	3496
1709	5152	1749	3640
1710	3228	1750	3140
1711	4126	1751	3500
1712	1786	1753	2095
1713	2840	1754	3239
1714	3000	1755	4231
1715	5545	1756	3375
1716	2500	1757	3185
1717	4104	1758	4333
1718	6000	1759	3332
1719	4400	1761	3507
1720	6275	1762	4930
1721	3412	1763	2353
1722	4612	1764	2862
1723	3848	1765	1034
1724	5234	1766	2504
1725	4589	1767	1887
1726	6779	1768	2970
1728	3142	1769	2803
1729	5400	1780	6063
1730	4631	1781	3983
1731	4500	1791	6181
1733	6195	1792	5568
1734	5438	1793	6100
1735	4659	1794	7552
1736	5769	1795	6031
1737	6017	1796	4930
1738	3380	1797	5079
1739	5210	1798	4389
1740	4415	1799	5413
1741	4144	1800	5737

TABULACION DE FRECUENCIA RELATIVA — COSTA SUR

Año	*Relativa*	*Año*	*Relativa*
1701	2.1	1743	1.0
1702	2.6	1744	1.1
1703	2.2	1745	1.3
1704	1.6	1746	.0
1706	1.9	1747	1.2
1707	1.8	1748	1.0
1708	2.0	1749	1.0
1709	2.1	1750	1.3
1710	2.1	1751	1.0
1711	1.5	1753	2.1
1712	.1	1754	1.0
1714	1.0	1755	1.2
1715	1.7	1756	1.2
1716	.6	1757	1.3
1717	.8	1758	1.4
1718	.7	1759	1.4
1719	1.0	1761	1.3
1720	1.0	1762	1.5
1721	.8	1763	1.6
1722	.7	1764	1.5
1723	.9	1765	1.4
1724	1.0	1766	.9.
1725	.8	1767	1.4
1726	.8	1768	2.2
1728	.8	1769	1.8
1729	.6	1780	1.5
1730	.9	1781	2.3
1731	.7	1791	4.1
1733	.8	1792	1.7
1734	1.1	1793	1.6
1735	.7	1794	1.6
1736	1.3	1795	1.7
1737	1.9	1796	1.4
1738	1.1	1797	1.6
1739	1.0	1798	1.6
1740	1.2	1799	1.6
1741	.8	1800	1.6
1742	1.0		

TABULACION DE FRECUENCIA NORMAL – COSTA SUR

Año	*Normal*	*Año*	*Normal*
1701	7480	1743	3355
1702	9084	1744	3913
1703	7705	1745	4429
1704	5782	1746	150
1706	6579	1747	4175
1707	6334	1748	3561
1708	7004	1749	3420
1709	7268	1750	4516
1710	7275	1751	3351
1711	5452	1753	7257
1712	206	1754	3588
1714	3500	1755	4278
1715	5947	1756	4252
1716	2045	1757	4526
1717	2843	1758	4819
1718	2550	1759	4890
1719	3549	1761	4407
1720	3388	1762	5105
1721	2875	1763	5757
1722	2374	1764	5181
1723	3155	1765	5017
1724	3658	1766	3207
1725	2914	1767	4754
1726	2847	1768	7636
1728	2727	1769	6432
1729	2216	1780	5353
1730	3004	1781	8201
1731	2419	1791	14482
1733	2911	1792	6033
1734	4045	1793	5759
1735	2540	1794	5784
1736	4600	1795	6018
1737	6835	1796	5000
1738	3804	1797	5500
1739	3497	1798	5500
1740	4091	1799	5696
1741	2963	1800	5673
1742	3459		

MEDIAS MOVILES PARA

		De Mixteca	*Obispad*
MM(1)	14673.00	9243.00	43036.5
MM(2)	13139.00	9406.50	44321.0
MM(3)	12472.00	93.53.50	43159.5
MM(4)	11340.00	9736.00	41761.0
MM(5)	9945.00	8986.50	40254.0
MM(6)	10041.00	8361.50	39508.0
MM(7)	11982.50	8700.00	42041.0
MM(8)	12069.00	8777.50	42736.0
MM(9)	11239.50	9936.50	47218.0
MM(10)	9545.00	11513.50	45616.5
MM(11)	10463.00	11232.00	53307.0
MM(12)	14421.50	12852.50	51661.5
MM(13)	10738.00	13522.50	47211.5
MM(14)	7944.00	10573.00	40925.0
MM(15)	12047.50	10348.00	45784.5
MM(16)	13689.50	11740.50	48856.0
MM(17)	13345.00	11599.50	49745.0
MM(18)	11643.50	11390.00	47550.0
MM(19)	11083.00	12478.00	48715.0
MM(20)	12553.50	13324.50	52592.0
MM(21)	11557.00	13002.50	50937.0
MM(22)	11525.50	12320.50	50359.5
MM(23)	13458.00	11600.50	51332.0
MM(24)	12124.50	11546.00	49004.5
MM(25)	11752.00	10613.00	45618.5
MM(26)	12911.50	11134.50	46515.5
MM(27)	12562.00	12988.00	49131.5
MM(28)	14039.00	13337.50	54583.0
MM(29)	13949.50	12672.00	55145.0
MM(30)	12465.00	12803.00	53552.5
MM(31)	12365.50	12650.00	55776.0
MM(32)	12902.50	13509.00	59404.5
MM(33)	11429.50	14355.00	59838.0
MM(34)	10768.50	13884.00	56454.5
MM(35)	11913.50	13068.00	54021.0
MM(36)	10897.00	11467.50	49508.0
MM(37)	11300.50	12265.00	52844.5
MM(38)	14368.00	13178.00	58760.0
MM(39)	14826.50	14172.00	59512.0
MM(40)	13324.50	14472.00	57551.5
MM(41)	11761.50	14745.00	55704.0
MM(42)	10779.00	14614.50	57517.5
MM(43)	9996.00	14045.00	57852.0
MM(44)	10646.00	14338.50	54120.5
MM(45)	11228.00	12764.50	55549.0
MM(46)	10947.50	13628.00	62399.5

NTERVALOS DE 2 AÑOS

		De Mixteca	Obispado
M(47)	5722.00	7929.00	32395.50
M(48)	5736.50	4959.50	31551.50
M(49)	13337.50	9809.50	60904.00
M(50)	14225.50	12089.50	58413.00
M(51)	12700.00	14473.00	56722.00
M(52)	12070.50	16939.00	60666.00
M(53)	12414.00	16987.50	62254.50
M(54)	11511.50	15440.00	59751.00
M(55)	10272.00	18625.50	60682.00
M(56)	10232.50	19459.00	59622.50
M(57)	10282.00	15852.50	58191.50
M(58)	9518.00	13148.00	54750.00
M(59)	9565.50	12689.50	56150.00
M(60)	10109.00	14561.00	60217.50
M(61)	9674.00	14576.50	60830.50
M(62)	10074.00	14122.00	61117.00
M(63)	10256.50	14331.00	30354.00
M(64)	5024.00	14338.00	32359.00
M(65)	.00	15368.50	64683.00
M(66)	.00	16227.50	65641.50
M(67)	.00	15580.00	67397.00
M(68)	.00	14223.00	68913.00
M(69)	.00	14421.50	78480.50
M(70)	.00	14212.50	80858.50
M(71)	.00	13803.50	65897.50
M(72)	.00	13900.50	71286.50
M(73)	7233.50	14814.50	83371.50
M(74)	14761.50	14811.50	75219.50
M(75)	7528.00	16064.00	74048.50
M(76)	.00	17541.00	79225.50
M(77)	.00	17444.50	79125.50
M(78)	.00	17094.00	76262.00
M(79)	.00	16446.00	71829.00
M(80)	.00	16727.00	69158.00
M(81)	.00	17985.50	75231.00
M(82)	.00	9480.00	84146.00
M(83)	11910.00	10021.50	81320.50
M(84)	22802.50	20580.00	80076.00
M(85)	22699.50	19339.50	89610.00
M(86)	24604.00	17573.50	90449.50
M(87)	23620.00	18877.50	83437.00
M(88)	21991.50	20530.50	85403.00
M(89)	22946.50	22641.00	92011.50
M(90)	23699.00	24168.50	94859.50
M(91)	23402.00	25317.00	92485.50
M(92)	21915.00	24480.50	90486.50

	Costa Alvar	*Ganado Valles*	*Centrales*	*Costa Mixteca*
MM(1)	5468.200	9138.800	9401.200	1696.20
MM(2)	5186.800	8167.600	9289.000	2334.80
MM(3)	4959.600	7778.200	9048.600	2540.20
MM(4)	5101.200	7844.800	9006.400	3365.00
MM(5)	4785.600	7647.800	8818.200	3793.40
MM(6)	4374.000	7456.400	9086.600	5008.00
MM(7)	4472.800	6975.400	9829.000	4693.00
MM(8)	4781.800	7953.400	10234.800	3746.00
MM(9)	5410.800	8146.400	11490.000	3903.20
MM(10)	5475.800	7488.000	12132.800	3337.20
MM(11)	6277.400	6978.200	11744.600	2785.80
MM(12)	6266.000	7650.600	11666.600	2932.00
MM(13)	6293.400	7146.000	11948.000	3870.60
MM(14)	5878.000	6794.000	11165.400	3654.00
MM(15)	6385.200	7179.800	11095.000	3763.60
MM(16)	6719.400	7765.600	11927.400	3903.40
MM(17)	6491.000	7711.000	12285.600	4006.40
MM(18)	6693.000	7176.200	12432.200	3846.80
MM(19)	7238.600	7153.600	12574.000	4261.00
MM(20)	7174.600	7565.800	12516.400	3681.60
MM(21)	6900.200	7190.800	12201.200	3557.20
MM(22)	7503.600	7228.800	11431.800	3130.00
MM(23)	7682.600	7542.800	11454.000	2919.60
MM(24)	7453.800	7781.800	11698.800	2605.40
MM(25)	8299.400	7909.800	12148.800	3838.40
MM(26)	8347.400	8169.400	12149.200	3551.60
MM(27)	8547.400	7884.000	13024.800	4256.80
MM(28)	8500.600	7871.600	12755.400	4489.20
MM(29)	8415.200	7489.200	13233.200	4832.40
MM(30)	8221.600	7087.400	13162.400	4746.80
MM(31)	8605.000	6825.400	13718.000	5436.60
MM(32)	8295.800	6961.200	13268.400	5305.20
MM(33)	7857.400	6611.800	13245.000	5533.80
MM(34)	8486.600	6819.000	12770.800	5540.20
MM(35)	7801.600	6888.800	12774.200	5371.60
MM(36)	7519.200	7369.200	12886.000	5299.60
MM(37)	7502.200	7112.400	13335.800	5341.40
MM(38)	7770.200	7045.800	14197.000	5413.00
MM(39)	7681.200	6694.400	14275.600	5247.20
MM(40)	8348.400	6465.800	14543.800	5468.80
MM(41)	7557.200	6386.000	14342.200	5506.20
MM(42)	8289.200	6537.000	13860.800	5521.00
MM(43)	8981.800	7113.400	13895.400	6211.80
MM(44)	7033.400	5882.200	11186.600	5162.60
MM(45)	7192.600	6599.600	10261.200	5199.80
MM(46)	8077.800	7319.200	9375.000	5360.00
MM(47)	7024.800	7660.600	9991.200	5234.80
MM(48)	6520.000	7827.000	9713.000	4223.00
MM(49)	8167.400	9588.000	13695.200	5175.40
MM(50)	7285.200	9413.400	14524.200	5068.20
MM(51)	7212.400	8391.400	15847.400	4716.20
MM(52)	7545.800	7958.200	17138.600	4809.20
MM(53)	7132.600	7238.200	17841.800	5797.00
MM(54)	6670.200	7098.200	16704.000	4844.60
MM(55)	6324.200	6540.400	16306.000	3714.20

NTERVALOS DE 5 AÑOS

Costa Sur	*Diezmo Suelto*	*Trigo Valles*	*Costeras*	*Valles*
7326.000	1418.800	3743.000	10441.000	4143.800
7096.800	2023.800	3578.200	11455.400	3991.400
6680.800	2676.600	3250.800	11897.600	3680.200
6593.400	3189.000	3438.400	13147.400	3865.200
6892.000	3395.800	3220.000	14081.200	3657.800
6666.600	3979.000	3786.600	15653.600	5110.600
5441.000	3750.600	3732.400	15069.600	4988.000
4740.200	5516.400	3458.400	16394.200	6197.000
4476.000	6619.000	3537.000	18982.000	6265.400
3430.000	7501.800	3391.400	19145.800	6089.400
2908.200	8190.600	3387.000	18761.400	5125.200
3377.000	9201.400	4229.800	20375.800	6027.600
3386.800	8035.800	4509.800	20186.000	4836.200
2875.000	8286.200	4655.800	18115.800	5025.800
3041.000	7910.400	4838.200	17122.600	5317.000
2947.200	8301.000	4939.800	19294.000	5522.800
3068.200	8416.000	4509.400	19404.600	6078.800
3090.000	9003.400	4676.200	18619.400	7184.600
2995.200	8365.200	4339.000	18290.600	7758.800
2989.600	7193.600	5012.400	16544.000	9875.600
3060.200	5490.200	4718.400	13052.000	10482.400
2872.400	4090.400	5028.800	10092.800	10816.800
2741.600	2408.000	4908.200	8069.200	10850.200
2642.600	1057.200	4890.400	6305.200	11006.400
2655.400	1175.200	4773.600	7669.000	10093.600
2919.000	1285.200	5232.800	7755.800	9619.800
2983.800	1455.200	5084.600	8695.800	8541.000
3303.000	1560.600	5312.200	9352.800	7682.000
4186.200	2069.200	5615.600	11087.800	6919.200
4364.800	2486.800	5052.600	11598.400	5634.800
4255.200	4365.600	5007.000	14057.400	5494.200
4565.400	5975.800	4958.200	15846.400	5358.400
4238.000	7726.400	4633.200	17498.200	5024.600
3562.800	9345.000	4459.600	18448.000	4808.800
3473.000	11013.600	5531.600	19858.200	5876.200
3556.200	11172.000	5532.600	20027.800	5928.600
3623.800	11429.000	5872.400	20394.200	6424.800
3061.200	11735.000	6201.800	20209.200	6739.400
3204.400	11696.000	6081.800	20147.600	7145.600
3245.600	11362.600	5033.000	20077.000	6140.200
3147.000	11111.800	4718.000	19765.000	5867.600
3164.400	11020.600	4123.200	19706.000	5784.000
3804.600	10998.200	3665.000	21014.600	5312.000
2969.600	8793.200	2755.200	16925.400	3786.400
3708.800	9640.000	2475.000	18548.600	3504.400
3742.400	9581.200	2394.800	18683.600	3705.800
3694.800	9552.600	2613.000	18482.200	3471.600
3875.000	9019.600	2588.000	17177.600	3536.200
4780.200	10861.400	3225.000	20817.000	5178.200
4292.600	9840.600	3672.600	19201.400	5725.000
4553.000	9801.000	3691.200	19070.200	6302.200
4578.800	9366.200	3546.400	18754.200	6105.000
4749.400	9385.400	3857.400	19931.800	6429.400
4995.600	7671.000	3691.000	17511.200	5436.000
5068.000	5796.800	3396.800	14579.000	5963.400

	Costa Alvar	Ganado Valles	Centrales	Costa Mixteca
MM(56)	5896.000	7073.600	15603.800	4129.600
MM(57)	6332.200	7135.400	14680.200	4255.200
MM(58)	7164.000	7659.400	13650.300	3523.200
MM(59)	6967.000	7537.400	13988.000	4683.600
MM(60)	6865.600	7843.200	14124.000	5682.400
MM(61)	5663.200	5939.400	14647.400	4411.800
MM(62)	3793.000	4507.200	14447.000	3195.200
MM(63)	1788.000	2948.000	15307.800	2159.200
MM(64)	800.000	1449.000	15030.200	998.800
MM(65)	.000	.000	15264.600	.000
MM(66)	.000	.000	15063.600	.000
MM(67)	.000	.000	14802.200	.000
MM(68)	.000	.000	14094.000	.000
MM(69)	.000	.000	14130.400	.000
MM(70)	2327.400	1680.800	14330.600	2508.000
MM(71)	4567.400	3895.400	14286.400	2589.400
MM(72)	4567.400	3895.400	15071.200	2589.400
MM(73)	4567.400	3895.400	15781.400	2589.400
MM(74)	4567.400	3895.400	16488.800	2589.400
MM(75)	2240.000	2214.600	16693.200	81.400
MM(76)	.000	.000	17142.600	.000
MM(77)	.000	.000	16958.400	.000
MM(78)	.000	.000	17320.400	.000
MM(79)	.000	.000	13772.600	.000
MM(80)	2122.400	3527.800	14491.400	1245.000
MM(81)	5304.000	6771.200	15426.200	2525.000
MM(82)	8620.400	10274.000	15536.400	3565.000
MM(83)	12322.000	13882.400	15261.400	4625.000
MM(84)	15509.800	17005.400	19295.400	5765.000
MM(85)	17504.000	16959.000	19465.000	6292.400
MM(86)	18993.200	17411.000	20119.800	6272.400
MM(87)	19511.000	17798.800	21396.600	6492.400
MM(88)	17401.600	17700.200	23217.200	6904.400
MM(89)	16556.000	17603.400	23637.800	7124.800

Costa Sur	Diezmo Suelto	Trigo Valles	Costeras	Valles
5093.400	6175.400	2937.200	15398.400	4676.200
4853.400	6691.600	2736.600	15800.200	4328.000
4783.200	7368.800	2128.000	15675.200	4547.400
5159.000	9705.000	2251.400	19547.600	4686.800
5409.200	12343.200	2239.600	23434.800	3789.800
4405.800	9980.800	2032.800	18798.400	3436.600
3764.400	7731.200	1532.000	14690.800	2868.200
2813.600	5162.000	1154.600	10134.800	1499.800
1286.400	2698.400	560.600	4983.600	711.800
.000	.000	.000	.000	.000
.000	.000	.000	.000	.000
.000	.000	.000	.000	.000
.000	.000	.000	,000	.000
.000	.000	.000	.000	.000
1070.600	3858.800	1212.600	7437.400	3359.200
2710.800	4600.600	2009.200	9900.800	6650.800
2710.800	4600.600	2009.200	9900.800	6650.800
2710.800	4600.600	2009.200	9900.800	6650.800
2710.800	4600.600	2009.200	9900.800	6650.800
1640.200	741.800	796.600	2463.400	3291.600
.000	.000	.000	.000	.000
.000	.000	.000	.000	.000
.000	.000	.000	.000	.000
.000	.000	.000	.000	.000
2896.400	1786.000	1236.200	5927.400	5209.600
4103.000	3914.200	2349.800	10542.200	9935.000
5254.800	5670.400	3569.800	14490.200	14986.600
6411.600	7841.200	5080.200	18877.800	20422.400
7615.200	10015.600	6286.400	23395.800	25036.400
5718.800	10711.200	6036.200	22722.400	24617.000
5612.200	10782.800	5938.400	22667.400	24756.600
5560.400	11857.000	5596.200	23909.800	24806.600
5542.800	13322.600	5168.400	25769.800	24270.400
5473.800	15632.000	5109.600	28230.600	24166.600

MEDIAS MOVILES PARA

	Costa Alvar	Ganado Valles	Centrales	Costa Mixteca	Costa Sur
MM(1)	5322.857	8478.429	9104.143	2592.143	7138.286
MM(2)	5034.571	7897.286	9120.714	2933.857	7108.000
MM(3)	4822.000	7807.000	8971.143	3143.429	6849.571
MM(4)	4663.000	7764.143	9272.143	4011.000	6527.714
MM(5)	4692.000	7345.286	9588.286	4056.286	5731.143
MM(6)	4832.571	7631.714	9699.571	4056.286	5291.286
MM(7)	5194.571	7882.143	10692.857	4054.143	5236.000
MM(8)	5190.714	7599.714	11174.143	3712.714	4527.571
MM(9)	5503.143	7145.143	11228.000	3597.286	3895.429
MM(10)	5749.429	7347.286	11622.857	3441.000	3220.429
MM(11)	6203.571	7410.000	11743.429	3243.857	2948.571
MM(12)	6198.286	7752.571	11647.429	3311.429	3403.143
MM(13)	6336.000	7047.143	11788.571	3725.286	3313.857
MM(14)	6437.857	6873.143	11540.429	3597.429	2803.429
MM(15)	6474.571	7506.571	11732.000	3919.000	2962.000
MM(16)	6500.429	7551.429	12234.571	4001.714	3078.429
MM(17)	6893.000	7397.571	12295.571	4260.714	3130.429
MM(18)	6965.429	7347.000	12194.571	3590.286	3030.143
MM(19)	7168.000	7156.571	12280.286	3528.286	2935.714
MM(20)	7273.429	7541.571	11972.571	3466.429	2841.571
MM(21)	7188.429	7392.286	11896.429	3299.000	2931.571
MM(22)	7580.714	7448.143	11876.429	3260.000	2826.429
MM(23)	8112.857	7871.000	11992.143	3584.286	2719.714
MM(24)	7960.000	7882.143	11976.857	3021.571	2881.286
MM(25)	8254.000	7768.857	12335.714	3877.286	2837.429
MM(26)	8331.571	7878.571	12292.286	3964.714	3105.000
MM(27)	8231.857	7634.143	13163.143	4476.000	3764.857
MM(28)	8497.857	7545.714	13212.429	4889.429	3879.143
MM(29)	8782.286	7199.000	13419.143	5043.857	4033.143
MM(30)	8251.429	7091.286	13135.429	4925.000	4201.714
MM(31)	7981.571	6766.000	13075.000	5380.571	4047.143
MM(32)	8188.429	6873.429	12981.714	5392.714	4178.429
MM(33)	7998.571	6843.714	13225.857	5519.714	4000.571
MM(34)	8142.286	7113.286	13171.143	5377.571	3583.143
MM(35)	7737.571	7109.143	13259.286	5349.714	3672.429
MM(36)	7385.286	6923.429	13417.143	5363.714	3194.286
MM(37)	7749.429	6682.857	13701.143	5351.286	3206.286
MM(38)	8349.286	6739.429	14153.571	5473.286	3291.714
MM(39)	7478.429	6804.000	14293.571	5353.286	3286.143
MM(40)	8085.857	6857.857	14035.429	5456.429	3452.000
MM(41)	8430.000	6740.714	14138.143	6015.286	3371.714
MM(42)	7414.571	5804.143	12166.000	5223.571	2739.000
MM(43)	7936.714	6420.714	11342.286	5321.000	3754.286
MM(44)	7761.714	7250.286	10793.143	5433.857	3670.429
MM(45)	7140.429	7711.286	10783.571	5289.286	3772.857
MM(46)	7689.143	7770.000	10831.571	5098.714	3891.714
MM(47)	7327.571	7983.429	11976.286	4976.714	3893.143
MM(48)	6724.857	8063.571	11791.429	4504.143	4102.857
MM(49)	7889.571	9042.571	14122.286	5115.000	4801.429
MM(50)	7392.714	8681.714	15696.000	5010.286	4394.286
MM(51)	7014.000	7712.143	16879.286	5410.857	4611.000
MM(52)	7074.286	7581.714	16771.143	4698.000	4822.286
MM(53)	6585.000	7144.571	16500.714	4140.714	4955.000
MM(54)	6267.143	7246.571	15557.000	4368.000	5025.143
MM(55)	6712.000	7054.571	15807.429	4429.571	4794.857

ITERVALOS DE 7 AÑOS

Diezmo Suelto	*Trigo Valles*	*Costeras*	*Valles*	*Mixteca*	*Obispado*
2095.000	3591.714	11825.429	3983.571	9104.14	41845.71
2534.000	3916.143	12575.857	4324.571	9120.71	42177.43
3094.000	3519.143	13087.000	3935.429	8971.14	41759.86
3493.571	3506.571	14032.286	4595.000	9272.14	43005.14
3378.857	3144.571	14012.143	4187.857	9588.29	42461.86
5021.857	3388.429	16077.714	5450.143	9699.57	46304.00
5816.286	3886.714	17952.000	5948.857	10692.86	48578.29
6540.571	3619.571	18264.286	5656.286	11174.14	48505.00
7066.143	3469.857	18042.286	5495.000	11228.00	48259.43
7525.714	3865.857	18508.286	5880.571	11622.86	49376.00
7919.571	3905.000	19315.143	5254.143	11743.43	48727.43
9056.000	4546.286	20127.857	5975.857	11647.43	50555.57
8250.571	4605.143	18784.572	5027.714	11788.57	47082.57
8267.571	4471.857	18265.143	4964.571	11540.43	46856.57
8178.714	4664.429	18693.143	5873.000	11732.00	48619.86
8500.143	4825.857	19213.714	6725.143	12234.57	49717.14
8451.571	4624.286	18638.428	7212.429	12295.57	49927.00
7649.000	4964.143	16183.143	8627.286	12194.57	50424.57
6270.429	4516.571	14648.143	8862.143	12280.29	49715.43
5450.143	4800.571	13671.857	9801.429	11972.57	49872.71
4290.857	4803.286	11196.000	10530.429	11896.43	49087.00
3195.286	4896.429	9281.714	10732.143	11876.43	48884.00
2057.429	5033.714	8361.429	10705.143	11992.14	50128.71
1220.429	5155.000	7123.286	10191.429	11976.86	50251.29
1351.286	4852.143	8066.000	8848.143	12335.71	50763.14
1484.000	5227.429	8553.714	8530.143	12292.29	52186.00
1751.571	5315.571	9992.429	7948.143	13163.14	54702.00
2113.714	5136.857	10882.286	6979.857	13212.43	55992.43
3583.571	5238.286	12660.571	6254.143	13419.14	56794.29
4780.286	4984.000	13907.000	5465.857	13135.43	55831.86
6084.857	4799.143	15512.571	5247.857	13075.00	55183.71
7387.143	4869.143	16958.286	5282.286	12981.71	55629.57
8865.857	5293.571	18386.143	5690.000	13225.86	56036.29
0085.571	5179.000	19046.286	5546.571	13171.14	55660.29
1167.571	5569.571	20189.714	6030.143	13259.29	55383.00
1348.714	5652.571	19906.714	6137.286	13417.14	55445.86
1473.000	5671.714	20030.572	6558.857	13701.14	56382.00
1463.143	5579.143	20228.143	6486.857	14153.57	57829.86
1347.571	5363.571	19987.000	6302.857	14293.57	56746.57
1172.571	4563.571	20081.000	5964.286	14035.43	56912.43
1224.571	4318.571	20611.572	5696.857	14138.14	57571.57
9590.286	3445.143	17552.857	4674.286	12166.00	49725.00
9966.714	2917.143	19042.000	4176.143	11342.29	50670.86
9837.000	2730.000	18941.286	3845.857	10793.14	50692.57
9879.714	2835.000	18941.857	4058.143	10783.57	50831.14
9730.143	2797.143	18720.571	4031.571	10831.57	51435.86
9476.571	2803.571	18346.428	4241.571	11976.29	52293.14
9139.857	2922.571	17746.857	4471.143	11791.43	51394.43
0556.857	3398.571	20473.286	5642.857	14122.29	60109.00
9684.143	3600.286	19088.714	5915.714	15696.00	59717.43
9590.286	3841.857	19612.143	5977.000	16879.29	59742.86
3132.571	3573.571	17652.857	5644.714	16771.14	59654.14
5837.857	3500.286	15933.571	6204.857	16500.71	59179.43
7209.714	3193.000	16602.857	5284.286	15557.00	58363.86
7434.857	2931.714	16659.286	4917.857	15807.43	58597.43

	Costa Alvar	Ganado Valles	Centrales	Costa Mixteca	Costa Sur
MM(56)	6979.429	7189.286	15310.286	4558.714	4775.429
MM(57)	6660.857	7281.143	14520.714	4608.286	5236.714
MM(58)	6394.236	7576.714	13845.143	4058.857	5426.286
MM(59)	5547.857	6418.857	14088.000	4058.857	4603.857
MM(60)	4904.000	5602.286	14479.571	4058.857	3863.714
MM(61)	4045.143	4242.429	15098.857	3151.286	3147.000
MM(62)	2709.286	3219.429	14770.714	2282.286	2688.857
MM(63)	1277.143	2105.714	14997.857	1542.286	2009.714
MM(64)	571.429	1035.000	14856.286	713.429	918.857
MM(65)	.000	.000	14964.000	.000	.000
MM(66)	.000	.000	14703.571	.000	.000
MM(67)	.000	.000	14544.571	.000	.000
MM(68)	1662.429	1200.571	14299.857	1791.429	764.714
MM(69)	3262.429	2782.429	14325.000	1849.571	1936.286
MM(70)	3262.429	2782.429	14825.857	1849.571	1936.286
MM(71)	3262.429	2782.429	15216.286	1849.571	1936.286
MM(72)	3262.429	2782.429	15749.286	1849.571	1936.286
MM(73)	3262.429	2782.429	16156.429	1849.571	1936.286
MM(74)	3262.429	2782.429	16476.571	1849.571	1936.286
MM(75)	1600.000	1581.857	16702.857	58.143	1171.571
MM(76)	.000	.000	17383.428	.000	.000
MM(77)	.000	.000	14821.714	.000	.000
MM(78)	1516.000	2519.857	15235.000	889.286	2068.857
MM(79)	3788.571	4836.571	15717.571	1803.571	2930.714
MM(80)	6157.429	7338.571	15876.671	2546.429	3753.429
MM(81)	8801.429	9916.000	16039.714	3303.571	4579.714
MM(82)	11078.429	12146.714	16491.000	4117.857	5439.429
MM(83)	14018.857	14633.429	16766.857	5383.857	6153.714
MM(84)	17355.143	17273.000	20251.286	6283.857	6939.429
MM(85)	18577.857	17532.143	20808.857	6294.571	5656.286
MM(86)	17442.571	17722.428	21604.714	6431.714	5608.143
MM(87)	16746.714	17382.000	22277.714	6660.571	5595.857

Diezmo Suelto	*Trigo Valles*	*Costeras*	*Valles*	*De Mixteca*	*Obispado*
7853.000	2725.286	17187.143	4723.571	15310.29	58672.29
8374.571	2648.571	18219.571	4631.714	14520.71	58721.71
8950.571	2344.714	18435.714	4319.429	13845.14	50309.86
8859.571	2008.571	17522.286	3856.143	14088.00	51341.00
8816.571	1599.714	16739.143	2707.000	14479.57	53147.86
7129.143	1452.000	13427.429	2454.714	15098.86	54052.86
5522.286	1094.286	10493.429	2048.714	14770.71	55199.14
3687.143	824.714	7239.143	1071.286	14997.86	56362.14
1927.429	400.429	3559.714	508.429	14856.29	60160.14
.000	.000	.000	.000	14964.00	70792.00
.000	.000	.000	.000	14703.57	69742.57
.000	.000	.000	.000	14544.57	72678.71
2756.286	866.143	5312.429	2399.429	14299.86	74808.29
3286.143	1435.143	7072.000	4750.571	14325.00	74913.71
3286.143	1435.143	7072.000	4750.571	14825.86	76275.57
3286.143	1435.143	7072.000	4750.571	15216.29	75126.57
3286.143	1435.143	7072.000	4750.571	15749.29	75780.43
3286.143	1435.143	7072.000	4750.571	16156.43	78087.86
3286.143	1435.143	7072.000	4750.571	16476.57	75935.43
529.857	569.000	1759.571	2351.143	16702.86	74026.86
.000	.000	.000	.000	17383.43	75938.71
.000	.000	.000	.000	14821.71	76911.86
1275.714	883.000	4233.857	3721.143	15235.00	76537.29
2795.857	1678.429	7530.143	7096.429	15717.57	77183.43
4050.286	2549.857	10350.143	10704.714	15876.57	80351.00
5600.857	3628.714	13484.143	14587.429	16039.71	82503.57
7154.000	4490.286	16711.286	17883.143	16491.00	84430.71
8926.571	5194.571	20464.143	21304.714	16766.86	85409.86
0497.857	5920.143	23721.143	24779.714	20251.29	86678.00
1243.857	5664.143	23194.714	24702.572	20808.86	89278.14
2321.143	5642.000	24361.000	24827.000	21604.71	90223.57
4269.429	5590.143	26525.857	24440.286	22277.71	89528.57

	Costa Alvar	*Ganado Valles*	*Centrales*	*Costa Mixteca*	*Costa Sur*
MM(1)	4921.100	8297.600	9243.900	3352.100	6996.300
MM(2)	4829.800	7571.500	9559.000	3514.300	6268.900
MM(3)	4870.700	7865.800	9641.700	3143.100	5710.500
MM(4)	5256.000	7995.600	10248.200	3634.100	5534.700
MM(5)	5130.700	7567.900	10475.500	3565.300	5161.000
MM(6)	5325.700	7217.300	10415.600	3896.900	4787.400
MM(7)	5369.400	7313.000	10747.800	3812.900	4409.000
MM(8)	5537.600	7549.700	11091.400	3808.300	4063.500
MM(9)	5644.400	7470.200	11327.700	3778.600	3675.500
MM(10)	5930.500	7333.900	11613.900	3550.400	3235.500
MM(11)	6498.400	7371.900	11836.000	3344.600	2927.700
MM(12)	6378.500	7680.800	11976.100	3469.200	3222.600
MM(13)	6493.200	7161.100	12190.100	3858.700	3238.400
MM(14)	6558.300	6973.800	11869.700	3957.500	2935.100
MM(15)	6779.900	7372.800	11805.700	3722.600	3015.300
MM(16)	6809.800	7478.200	12064.300	3730.300	3003.700
MM(17)	6997.300	7469.900	11858.700	3568.200	2970.300
MM(18)	7187.800	7359.500	11943.100	3383.200	2915.800
MM(19)	7346.200	7467.700	12136.400	3433.200	2818.900
MM(20)	7737.000	7737.800	12332.600	3760.000	2822.500
MM(21)	7623.800	7680.100	12175.200	3554.400	2989.600
MM(22)	8025.500	7556.400	12228.300	3693.400	2928.100
MM(23)	8091.600	7707.200	12104.700	3704.400	3022.300
MM(24)	7934.500	7635.500	12466.000	3718.900	3414.400
MM(25)	8260.500	7498.600	12655.600	4292.600	3510.100
MM(26)	8476.200	7497.400	12933.600	4494.100	3587.100
MM(27)	8421.600	7422.600	13146.600	4781.000	3774.600
MM(28)	8179.000	7241.700	13000.200	5011.500	3770.500
MM(29)	8450.900	7154.100	13002.000	5186.300	3874.500
MM(30)	8011.600	6988.100	12968.300	5059.200	3918.900
MM(31)	8062.100	7097.300	13302.000	5368.100	3905.700
MM(32)	7899.000	7036.800	13302.100	5323.300	4094.600
MM(33)	7813.800	6828.800	13721.000	5473.400	3649.600
MM(34)	8083.900	6756.700	13523.200	5393.700	3383.600
MM(35)	8075.000	6677.300	13559.000	5420.200	3359.300
MM(36)	7538.200	6877.600	13614.100	5402.900	3351.600
MM(37)	7895.700	6824.700	13598.300	5431.200	3394.100
MM(38)	8376.000	7079.600	14046.200	5812.400	3432.900
MM(39)	7357.300	6288.300	12731.100	5204.900	3087.000
MM(40)	7770.500	6532.700	12402.500	5334.300	3477.200
MM(41)	7817.500	6852.600	11858.600	5433.100	3444.700
MM(42)	7657.000	7098.800	11926.000	5377.900	3429.600
MM(43)	7750.900	7470.200	11804.200	5217.400	3839.800
MM(44)	7600.400	7735.100	12390.900	5169.000	3874.900
MM(45)	7238.900	8006.500	12392.700	5134.000	4000.700
MM(46)	7645.100	7855.300	12611.200	5038.100	4147.700
MM(47)	7285.300	7809.400	13564.900	5022.000	4136.800
MM(48)	6826.300	7532.600	13777.400	5010.000	4312.200
MM(49)	7418.800	8343.100	15149.600	5010.000	4887.900
MM(50)	6804.700	7976.900	15415.100	4391.200	4680.300
MM(51)	6554.200	7732.500	15725.600	4422.900	4823.200
MM(52)	6939.000	7546.800	15909.400	4532.200	4716.100
MM(53)	7148.300	7448.800	15746.300	4660.100	4766.300
MM(54)	6818.600	7317.800	15346.000	4764.100	5077.300
MM(55)	6594.900	7191.800	15215.000	4698.300	5238.600

TERVALOS DE 10 AÑOS

Diezmo Suelto	Trigo Valles	Costeras	Valles	Mixteca	Obispado
698.900	3764.800	13047.300	4627.200	9243.90	43141.80
887.200	3655.300	13262.500	4489.700	9559.00	42788.50
096.500	3354.600	14145.900	4938.600	9641.70	45195.90
904.000	3487.700	16064.700	5065.300	10248.20	46256.60
448.800	3305.700	16613.500	4873.600	10475.50	46006.30
084.800	3586.800	17207.500	5117.900	10415.60	46089.40
476.000	3981.100	17722.700	5507.800	10747.80	47112.40
776.100	3984.100	18290.100	5516.600	11091.40	47959.00
452.600	4096.400	18548.900	5645.600	11327.70	48653.20
706.100	4114.800	18134.200	5703.200	11613.90	48921.80
245.800	4163.400	19027.700	5324.000	11836.00	48952.60
808.700	4369.600	19890.200	6053.200	11976.10	50316.90
519.600	4593.000	19402.700	6010.400	12190.10	48478.60
320.700	4497.400	18203.200	6392.300	11869.70	48056.50
552.000	4925.300	16833.300	7596.300	11805.70	49302.70
895.600	4829.100	16173.000	8002.600	12064.30	49672.40
253.200	4769.100	14748.700	8447.800	11858.70	49269.50
705.700	4792.200	13344.300	9017.400	11943.10	49204.30
706.200	4614.700	12297.900	9382.600	12136.40	49146.80
184.400	4893.000	12106.500	9984.600	12332.60	50610.90
387.700	4975.600	10403.900	10051.100	12175.20	50432.80
772.800	5056.700	9394.300	9678.900	12228.30	50803.00
984.300	5110.200	8711.000	9266.100	12104.70	51400.60
563.200	5253.000	8696.500	8962.800	12466.00	52612.00
831.000	4913.100	9633.700	7864.200	12655.60	53101.80
825.400	5119.900	10906.600	7557.000	12933.60	54102.00
715.500	5021.400	12271.100	6949.700	13146.60	54782.30
643.500	4972.700	13425.500	6353.300	13000.20	54700.50
707.100	5037.600	14767.900	5864.000	13002.00	55524.90
750.200	5292.100	15728.300	5755.500	12968.30	55535.90
768.800	5269.800	17042.600	5711.400	13302.00	56398.30
702.400	5415.300	18120.300	5891.600	13302.10	56335.70
730.700	5417.500	18853.700	5882.000	13721.00	56383.90
520.500	5270.700	19297.800	5977.200	13523.20	55958.30
188.100	5282.300	19967.600	6008.200	13659.00	55986.70
141.900	5125.300	19896.400	5898.100	13614.10	55491.50
224.800	4997.800	20050.100	6104.400	13598.30	56292.30
366.600	4933.400	20611.900	6025.700	14046.20	58069.80
244.600	4418.500	18536.500	5466.000	12731.10	52202.50
501.300	3754.000	19312.800	4822.300	12402.50	52628.10
346.500	3556.400	19224.300	4786.700	11858.60	52480.90
286.600	3368.100	19094.100	4627.800	11926.00	52800.40
008.900	3126.500	19066.100	4424.100	11804.20	52684.50
827.300	2990.100	18871.200	4482.300	12390.90	53430.10
740.300	3073.800	18875.000	4614.700	12392.70	53565.00
691.100	3043.000	18876.900	5004.000	12611.20	54556.20
459.400	3079.700	18618.200	4788.300	13564.90	54591.60
202.500	3222.700	18524.700	4982.800	13777.40	54000.80
266.200	3458.000	19164.100	5307.100	15149.60	59750.80
318.700	3534.700	16890.200	5844.200	15415.10	58640.50
988.200	3314.200	17234.300	5489.200	15725.60	58800.00
028.900	3141.500	17277.200	5216.500	15909.40	59001.40
377.100	2992.700	17803.500	5488.400	15746.30	59621.70
688.000	2971.200	18529.400	5061.400	15346.00	59091.60
070.000	2818.200	19006.900	4876.600	15215.00	53241.60

	Costa Alvar	Ganado Valles	Centrales	Costa Mixteca	Costa Sur
MM(56)	5779.600	6506.500	15125.600	4270.700	4749.60
MM(57)	5062.600	5821.300	14563.600	3725.200	4308.90
MM(58)	4476.000	5303.700	14479.300	2841.200	3798.40
MM(59)	3883.500	4493.200	14509.100	2841.200	3222.70
MM(60)	3432.800	3921.600	14694.300	2841.200	2704.60
MM(61)	2831.600	2969.700	14855.500	2205.900	2202.90
MM(62)	1896.500	2253.600	14624.600	1597.600	1882.20
MM(63)	894.000	1474.000	14700.900	1079.600	1406.80
MM(64)	400.000	724.500	14580.300	499.400	643.20
MM(65)	1163.700	840.400	14797.600	1254.000	535.30
MM(66)	2283.700	1947.700	14675.000	1294.700	1355.40
MM(67)	2283.700	1947.700	14936.700	1294.700	1355.40
MM(68)	2283.700	1947.700	14937.700	1294.700	1355.40
MM(69)	2283.700	1947.700	15309.600	1294.700	1355.40
MM(70)	2283.700	1947.700	15511.900	1294.700	1355.40
MM(71)	2283.700	1947.700	15714.500	1294.700	1355.40
MM(72)	2283.700	1947.700	16014.800	1294.700	1355.40
MM(73)	2283.700	1947.700	16550.900	1294.700	1355.40
MM(74)	2283.700	1947.700	15130.700	1294.700	1355.40
MM(75)	2181.200	2871.200	15592.300	663.200	2268.30
MM(76)	2652.000	3385.600	16284.400	1262.500	2051.50
MM(77)	4310.200	5137.000	16247.400	1782.500	2627.40
MM(78)	6161.000	6941.200	16290.900	2312.500	3205.80
MM(79)	7754.900	8502.700	16534.000	2882.500	3807.60
MM(80)	9813.200	10243.400	16978.200	3768.700	4307.60
MM(81)	12148.600	12091.100	17773.000	4398.700	4857.60
MM(82)	14065.700	14036.400	18466.500	5028.700	5407.60
MM(83)	14861.800	15791.300	19239.300	5764.700	5977.20
MM(84)	16032.900	17304.400	21466.600	6444.900	6544.50

Diezmo Suelto	Trigo Valles	Costeras	Valles	De Mixteca	Obispado
3078.100	2485.000	17098.400	4056.400	15125.60	53613.20
7211.400	2134.300	15245.500	3598.100	14563.60	54041.80
5265.400	1641.300	12905.000	3023.600	14479.30	54817.00
5201.700	1406.000	12265.600	2699.300	14509.10	55882.90
5171.600	1119.800	11717.400	1894.900	14694.30	57649.60
4990.400	1016.400	9399.200	1718.300	14855.50	60349.00
3865.600	766.000	7345.400	1434.100	14624.60	61777.80
2581.000	577.300	5067.400	749.900	14700.90	61362.40
349.200	280.300	2491.800	355.900	14580.30	63811.70
929.400	606.300	3718.700	1679.600	14797.60	71965.90
2300.300	1004.600	4950.400	3325.400	14675.00	72383.80
2300.300	1004.600	4950.400	3325.400	14936.70	73839.00
2300.300	1004.600	4950.400	3325.400	14937.70	75100.60
2300.300	1004.600	4950.400	3325.400	15309.60	76184.70
2300.300	1004.600	4950.400	3325.400	15511.90	76570.40
300.300	1004.600	4950.400	3325.400	15714.50	74854.40
2300.300	1004.600	4950.400	3325.400	16014.80	74230.30
2300.300	1004.600	4950.400	3325.400	16550.90	76721.10
2300.300	1004.600	4950.400	3325.400	15130.70	76802.20
263.900	1016.400	4195.400	4250.600	15592.30	76310.90
957.100	1174.900	5271.100	4967.500	16284.40	77773.50
835.200	1784.900	7245.100	7493.300	16247.40	79423.20
920.600	2540.100	9438.900	10211.200	16290.90	80018.30
007.800	3143.200	11697.900	12518.200	16534.00	80285.50
248.600	3636.200	14324.900	14913.300	16978.20	81846.50
348.500	4144.100	16604.800	17345.800	17773.00	84322.00
763.700	4583.000	19200.000	19896.600	18466.50	86986.80
581.900	5124.300	22323.800	22346.400	19239.30	87772.90
823.800	5698.000	25813.200	24601.500	21466.60	88254.90

LOGARITMO

Año	Costa Alvar	Ganado Valles	Centrales	Costa Mixteca	Costa Sur
701	3.83467498	4.09933525	3.94056630	3.23854789	3.8739016
702	3.75035408	3.89696690	3.98967224	3.56960797	3.9582771
703	3.61363044	3.91216889	3.95655259	.00000000	3.8867726
704	3.75724414	3.91597992	3.98493215	3.48244479	3.7620780
706	3.70354930	3.94576392	3.99180180	.00000000	3.8181598
707	3.73455983	3.88727963	3.91169015	3.69240624	3.8016780
708	3.65243974	3.77385956	3.93262595	3.67568672	3.8453461
709	3.68268648	3.92952111	3.94630486	3.61531866	3.8614149
710	3.61700034	3.86069727	3.94041687	3.71424592	3.8618330
711	3.47639683	3.89591953	4.04746956	3.78340328	3.7365558
712	3.77239507	3.72501272	4.07452387	3.52556306	2.3138672
714	3.78082117	4.03466856	4.02497798	00000000	3.5440680
715	3.90096763	3.97621238	4.17935067	3.69108149	3.7742979
716	3.64982146	3.59813365	4.07671326	3.37088302	3.3106933
717	3.84528413	3.72591165	3.96444821	3.52061453	3.4537768
718	3.76819396	3.93806919	4.06001753	3.61119205	3.4065401
719	3.79056662	3.91949648	4.07914507	3.67145056	3.5501059
720	3.76967266	3.88688534	4.04921800	3.58285847	3.5299434
721	3.84516007	3.77033645	4.06370854	3.46194848	3.4586378
722	3.93821943	3.91640130	4.12632626	3.60368556	3.3754807
723	3.67412597	3.92417586	4.12296909	3.66275784	3.4989993
724	3.85636634	3.75081685	4.10489661	3.59050745	3.5632436
725	3.93510401	3.88047060	4.07587528	3.77070478	3.4644895
726	3.82484147	3.90058559	4.05277085	.00000000	3.4543874
728	3.86344182	3.80441207	4.07188201	3.53058386	3.4356851
729	3.88868484	3.93389204	3.97432745	3.39164069	3.3455697
730	3.90735760	3.85757372	4.10866648	3.45377687	3.4776999
731	3.87320432	3.94393948	4.11836392	3.63618690	3.3836358
733	4.03778493	3.93419534	4.13168281	3.78993309	3.4640422
734	3.87748653	3.88490859	4.07195562	3.29203445	3.6069185
735	3.94146174	3.85497367	4.14000493	3.77742681	3.4048337
736	3.89459294	3.85381985	4.06054676	3.60260251	3.6627578
737	3.84763435	3.83739904	4.19094765	3.78125259	3.8347385
738	3.99743009	3.81855577	4.12017894	3.75868484	3.5802405
739	3.97584522	3.80359367	4.16375750	3.73303670	3.5436956
740	3.85691005	3.89431608	4.06280756	3.72697160	3.6118294
741	3.75227898	3.73199144	4.05610412	3.71163854	3.4717316
742	4.00804633	3.89834118	4.11895877	3.78354627	3.5389505
743	3.81398109	3.84098384	4.12073839	3.68966398	3.5256925
744	3.90563402	3.94270238	4.18009716	3.70311934	3.5925098
745	3.85174742	3.81663895	4.14003640	3.74366653	3.6463056
746	3.84466353	3.70432213	4.19548452	3.74083620	2.1760912
747	3.98864812	3.78929862	4.13174695	3.71982828	3.6206564
748	3.99352440	3.76275358	4.16274357	3.77829599	3.5516719
749	3.61182949	3.92246595	4.15017289	3.71891668	3.5340261
750	4.03213507	3.86397678	4.05682868	3.74942711	3.6547539
751	4.01936555	3.90003923	4.20024842	3.95230800	3.5251744
752	.00000000	.00000000	.00000000	.00000000	.0000000
753	4.02726805	3.97211024	3.99546789	3.79155031	3.8607571
754	3.93028665	4.07784009	3.98677173	3.78074923	3.5548524
755	3.74059951	3.95511022	4.16073859	3.69810054	3.6312407
756	3.89938271	3.94329661	4.16037846	3.59117594	3.6285932
757	3.91576907	3.94472936	4.28804791	3.67778939	3.6557145
758	3.79497576	3.92967433	4.16328067	3.75220215	3.6829569
759	3.91131744	3.83588073	4.21261370	3.63103768	3.6893088

ECIMALES

Diezmo Suelto	*Trigo Valles*	*Costeras*	*Valles*	*Mixteca*	*Obispado*
.86981821	3.45954326	3.99795401	3.49982449	3.9405663	4.6205524
.73319727	3.77865764	4.12505817	3.80092317	3.9896722	4.6467271
.09760433	3.62469453	3.95216256	3.66492391	3.9565526	4.6464919
.53491411	3.63548374	4.08799428	3.66614342	3.9849322	4.6233527
.05422992	3.11159852	3.88716701	3.29578695	3.9918018	4.6181737
.57588032	3.31323430	4.17681450	3.38003024	3.9116901	4.5910200
.58035466	3.64048144	4.19167453	3.67824516	3.9326259	4.6022771
.58138070	3.71197584	4.18201500	3.74413645	3.9463049	4.6440642
.64943221	3.50893351	4.22827202	3.55618185	3.9404169	4.6171052
.60734779	3.61552921	4.19240016	3.96567196	4.0474696	4.7244889
.41896382	3.25188145	4.08296478	3.25188145	4.0745239	4.5821429
.10154086	3.47712126	4.34578526	4.03390604	4.0249780	4.8351005
.96974197	3.74390155	4.44940126	3.77011529	4.1793507	4.7396989
.94816837	3.39794001	4.24880672	3.43440920	4.0767133	4.5966740
.87465572	3.61320734	4.13519627	3.64532399	3.9644482	4.6267816
.88524809	3.77815124	4.30485660	3.79920265	4.0600175	4.6921945
.83289194	3.64345267	4.32678634	3.68618923	4.0791451	4.6856164
.02444464	3.79761374	4.25027359	3.83492911	4.0492180	4.7076042
.84484980	3.53300902	4.10612285	3.62065649	4.0637085	4.6443992
.97524795	3.66388929	4.38932562	3.73623711	4.1263263	4.7270042
.91661185	3.58523506	4.31659931	3.95799017	4.1229691	4.7147481
.98869270	3.71883371	4.23794568	4.01636469	4.1048966	4.6991784
.86557770	3.66171807	4.20817250	3.98717451	4.0758753	4.7049653
.07481644	3.83116564	3.60584354	4.16905695	4.0527709	4.7157444
.96801570	3.49720618	3.84812751	3.92849827	4.0718820	4.6631353
.09829754	3.73239377	3.77334756	4.03140849	3.9743274	4.6551096
.12417805	3.66567478	3.85600346	4.02329361	4.1086665	4.6797367
.76641285	3.65321252	3.86510396	4.02077550	4.1183639	4.7026803
.24993175	3.79204130	4.03558981	4.00838721	4.1316828	4.7689118
.16996819	3.73543921	3.87407574	3.78625441	4.0719556	4.7122539
.32304573	3.66829270	4.02669668	3.72884056	4.1400049	4.7446993
.26904571	3.76110053	4.01965624	3.79629675	4.0605468	4.7481880
.49512789	3.77938002	4.20425570	3.82451633	4.1909477	4.7980219
.58726186	3.52891669	4.12733161	3.57668680	4.1201789	4.7548603
.03634942	3.71683773	4.29618239	3.73319727	4.1637575	4.7485136
.00667995	3.64493072	4.29179049	3.66996738	4.0628076	4.7160034
.02575630	3.61741975	4.27235222	3.66152874	4.0561041	4.6722457
.04999286	3.71172288	4.31710184	3.74795529	4.1189588	4.7684383
08668011	3.94151142	4.31086320	3.95951837	4.1207384	4.7697243
06688476	3.71725431	4.31441504	3.75373623	4.1800972	4.7794305
05842602	3.78632542	4.33063698	3.85479170	4.1400364	4.7397780
08425444	3.76275358	4.25034678	3.78958070	4.1954845	4.7519101
04237860	3.65791595	4.31060833	3.88241068	4.1317469	4.7675492
02292299	3.54357141	4.30330408	3.61097938	4.1627436	4.7570238
01749247	3.56110138	4.28025961	3.63437650	4.1501729	4.7083359
04076052	3.49692965	4.32461166	3.82865989	4.0568287	4.7782091
08022952	3.54406804	4.38632059	3.57978359	4.2002484	4.8115147
00000000	.00000000	.00000000	.00000000	.0000000	.0000000
16955686	3.32118404	4.45057237	3.42699897	3.9964679	4.8000500
00505173	3.51041093	4.29536915	3.72558498	3.9867717	4.7686751
03506935	3.62644303	4.30339050	3.74577722	4.1607386	4.7643331
97146142	3.52827379	4.24345970	3.61521333	4.1603785	4.7429057
96421248	3.50310943	4.26710129	3.91434315	4.2880479	4.8196031
98551628	3.63678870	4.30412418	3.73295638	4.1632807	4.7671559
99646789	3.52270499	4.28069216	3.91391978	4.2126137	4.7853441

Año	Costa Alvar	Ganado Valles	Centrales	Costa Mixteca	Costa Sur
761	3.85551915	3.83581737	4.32087296	3.73679477	3.6441430
762	3.76834205	3.71399426	4.25486213	3.94645226	3.7079957
763	3.77268836	3.90875301	4.13741744	.00000000	3.7601962
764	3.65388757	3.75709221	4.09947348	.00000000	3.7144135
765	3.77901897	3.97859132	4.10737956	3.80297884	3.7004441
766	3.97085807	3.85497367	4.21264029	3.78411782	3.5060989
767	4.00108439	3.89187184	4.10842973	3.71432975	3.6770591
768	3.69372696	3.87477162	4.18774629	3.76357773	3.8828659
769	3.60205999	3.86003840	4.12234694	3.69844854	3.8083460
771	.00000000	.00000000	4.18814069	.00000000	.0000000
772	.00000000	.00000000	4.18511701	.00000000	.0000000
773	.00000000	.00000000	4.23401082	.00000000	.0000000
774	.00000000	.00000000	4.14674801	.00000000	.0000000
775	.00000000	.00000000	4.15914595	.00000000	.0000000
776	.00000000	.00000000	4.15887487	.00000000	.0000000
777	.00000000	.00000000	4.14637613	.00000000	.0000000
778	.00000000	.00000000	4.13350695	.00000000	.0000000
779	.00000000	.00000000	4.15234953	.00000000	.0000000
780	4.06584102	3.92448604	4.18828148	4.09829754	3.7285972
781	4.04921800	4.04426527	4.15216601	2.60959440	3.9138668
782	.00000000	.00000000	4.25362873	.00000000	.0000000
784	.00000000	.00000000	4.23426414	.00000000	.0000000
785	.00000000	.00000000	4.24892914	.00000000	.0000000
786	.00000000	.00000000	4.21613950	.00000000	.0000000
787	.00000000	.00000000	4.21598107	.00000000	.0000000
788	.00000000	.00000000	4.23072982	.00000000	.0000000
789	.00000000	.00000000	4.27783835	.00000000	.0000000
790	.00000000	.00000000	.00000000	.00000000	.0000000
791	4.02579725	4.24647397	4.30196273	3.79413936	4.1608285
792	4.20161557	4.20997053	4.32463223	3.80617997	3.7805333
793	4.21963692	4.24338537	4.24457395	3.71600336	3.7603470
794	4.26735950	4.25628465	4.24514240	3.72427586	3.7622282
795	4.20246106	4.19354200	4.30470592	3.75587484	3.7794521
796	4.31350869	4.24072391	4.31995922	3.94753176	3.6989699

Diezmo Suelto	*Trigo Valles*	*Costeras*	*Valles*	*Mixteca*	*Obispado*
3.93786880	3.54493576	4.26785201	3.66114986	4.3208730	4.7807636
3.97589114	3.69284692	4.36930865	3.75929004	4.2548021	4.7699399
2.80413944	3.37162194	3.80577263	3.51094696	4.1374174	4.7596679
2.47856650	3.45666963	3.73893902	3.90547207	4.0994735	4.7160034
4.07232344	3.01452053	4.36515093	3.24699071	4.1073796	4.7803173
4.05107528	3.39863431	4.31255817	3.45362407	4.2126403	4.7791273
4.10876793	3.27577189	4.35755372	3.83518308	4.1084297	4.7890587
4.09054017	3.47275645	4.41087842	3.59549621	4.1877463	4.7832459
4.13007635	3.44762310	4.39651316	3.55132797	4.1223469	.0000000
.00000000	.00000000	.00000000	.00000000	4.1881407	4.8110251
.00000000	.00000000	.00000000	.00000000	4.1851170	4.8105551
.00000000	.00000000	.00000000	.00000000	4.2340108	4.8237024
.00000000	.00000000	.00000000	.00000000	4.1467480	4.8335232
.00000000	.00000000	.00000000	.00000000	4.1591460	4.8430271
.00000000	.00000000	.00000000	.00000000	4.1588749	4.9409844
.00000000	.00000000	.00000000	.00000000	4.1463761	4.8717072
.00000000	.00000000	.00000000	.00000000	4.1335070	4.7587000
.00000000	.00000000	.00000000	.00000000	4.1523495	4.9304447
4.28542227	3.78268757	4.57039112	4.22520584	4.1882815	4.9113814
3.56925684	3.60021031	4.09050494	4.21637708	4.1521660	4.8382003
.00000000	.00000000	.00000000	.00000000	4.2536287	4.8987252
.00000000	.00000000	.00000000	.00000000	4.2342641	4.8990048
.00000000	.00000000	.00000000	.00000000	4.2489291	4.8976271
.00000000	.00000000	.00000000	.00000000	4.2161395	4.8664292
.00000000	.00000000	.00000000	.00000000	4.2159811	4.8459286
.00000000	.00000000	.00000000	.00000000	4.2307298	4.8336697
.00000000	.00000000	.00000000	.00000000	4.2778383	4.9152943
.00000000	.00000000	.00000000	.00000000	.0000000	4.9345590
3.95085147	3.79105875	4.47183424	4.41577441	4.3019627	4.8843932
4.02698243	3.74569923	4.36312288	4.37340856	4.3246322	4.9218061
3.94354397	3.78532985	4.29534715	4.40239894	4.2445740	4.9808983
4.03558981	3.87806198	4.34119701	4.43423349	4.2451424	4.9304498
4.03630942	3.78038934	4.35391623	4.36304760	4.3047059	4.9120732
4.09370178	3.69284692	4.41946006	4.37932366	4.3199592	4.9500434

Advertencia

Se presenta un conjunto de las gráficas que mejor ilustran a la vez el texto y la gama de técnicas estadísticas utilizadas para el manejo de la información. Utilizamos como criterio para la selección, el interés de los investigadores en las diversas zonas geográficas. Los Valles y la Mixteca son las regiones más estudiadas y por lo mismo se presenta un mayor número de gráficas a ellas correspondiente.

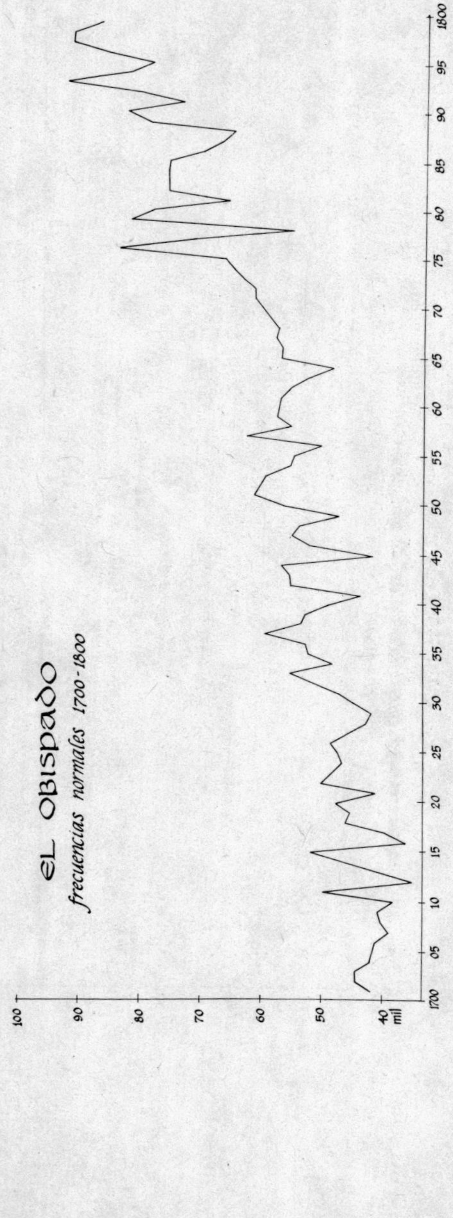
EL OBISPADO
frecuencias normales 1700-1800
mil

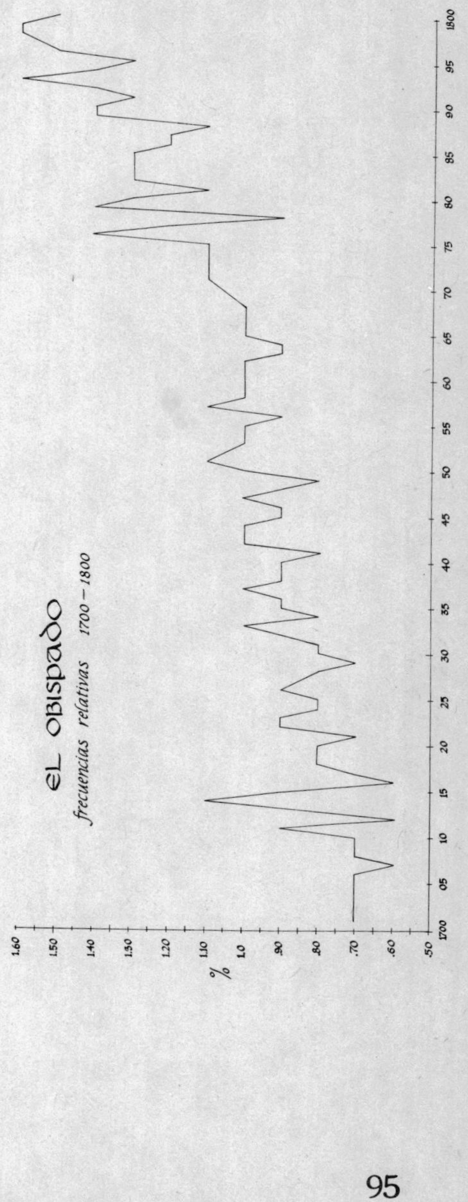
EL OBISPADO
frecuencias relativas 1700 – 1800
%

EL OBISPADO

medias móviles para intervalos de dos años

1700-1800

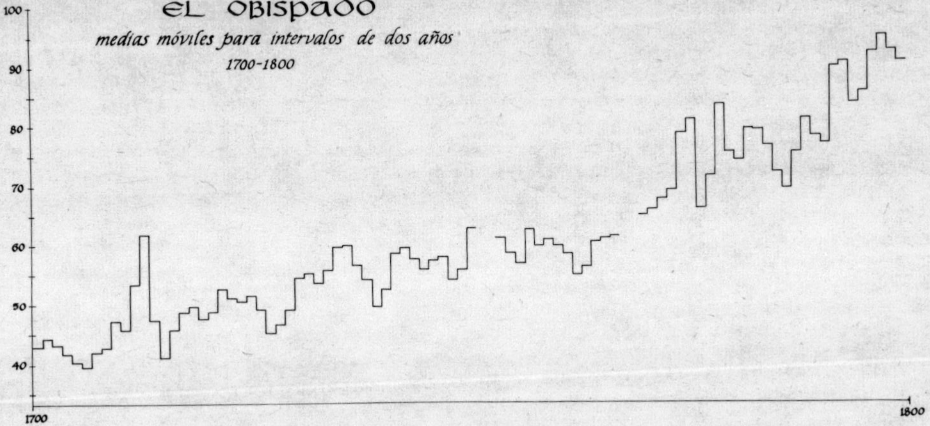

EL OBISPADO

medias móviles para intervalos de diez años

1700 - 1800

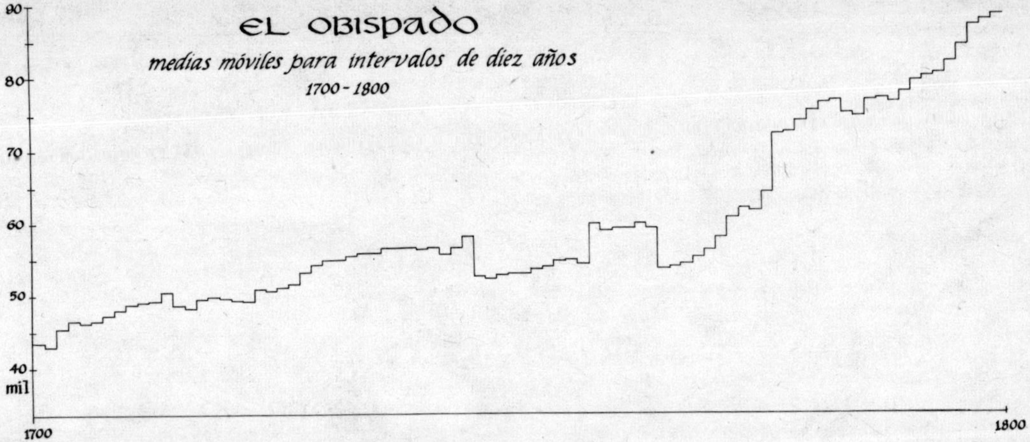

SERIE DE VALORES LOGARÍTMICOS 1700-1800

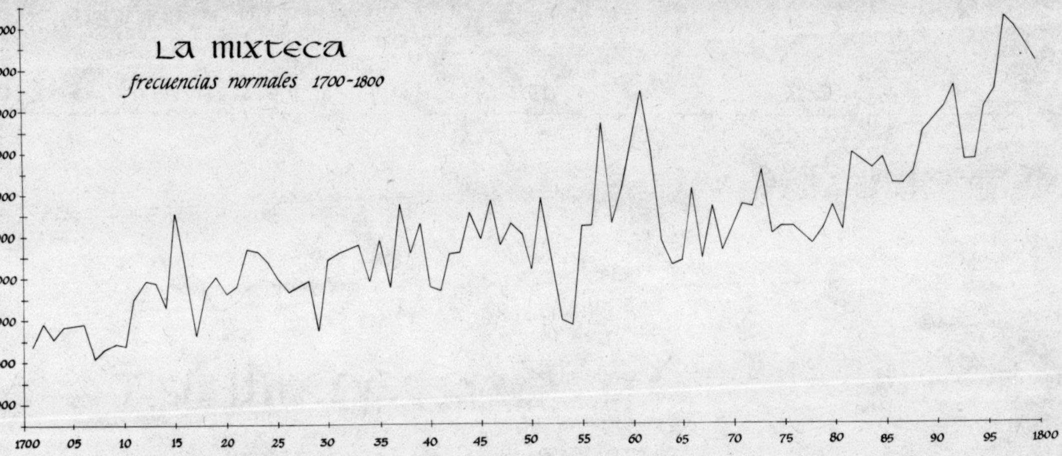
La mixteca
frecuencias normales 1700-1800
24000
22000
20000
18000
16000
14000
12000
10000
8000
6000
1700
05
10
15
20
25
30
35
40
45
50
55
60
65
70
75
80
85
90
95
1800

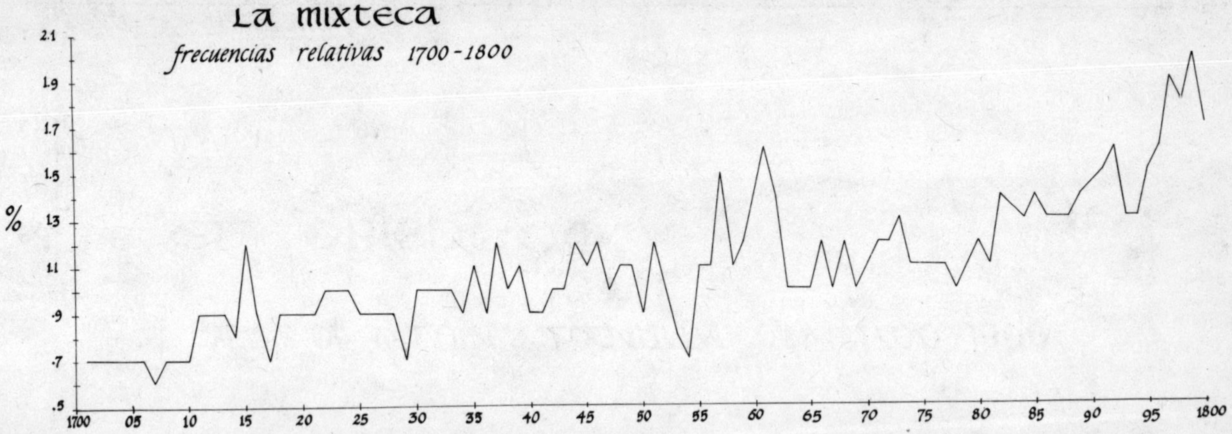
La mixteca
frecuencias relativas 1700-1800
%
2.1
1.9
1.7
1.5
1.3
1.1
.9
.7
.5
1700
05
10
15
20
25
30
35
40
45
50
55
60
65
70
75
80
85
90
95
1800

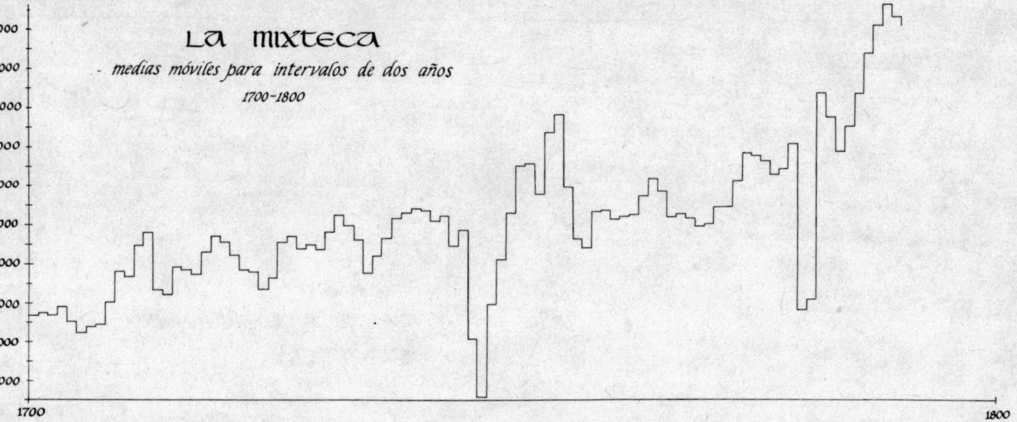
LA MIXTECA
medias móviles para intervalos de dos años
1700-1800
24000
22000
20000
18000
16000
14000
12000
10000
8000
6000
1700
1800

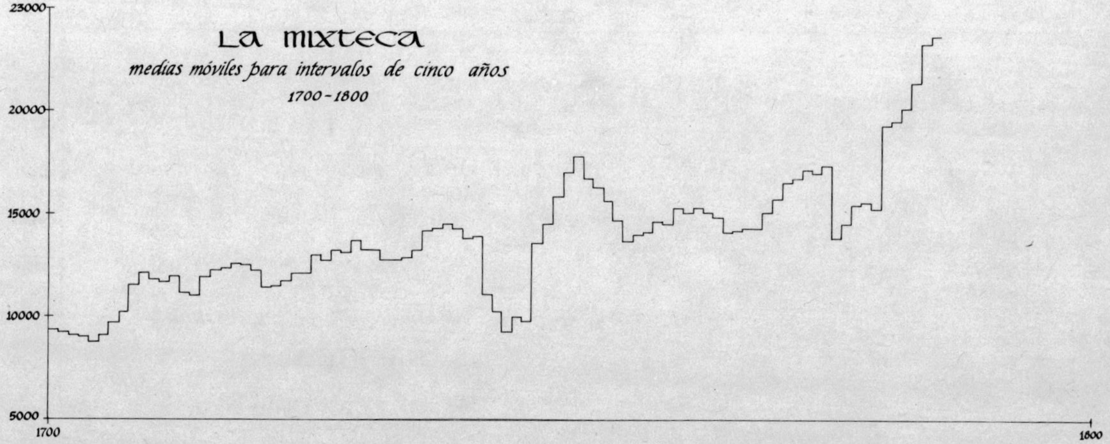
LA MIXTECA
medias móviles para intervalos de cinco años
1700-1800
23000
20000
15000
10000
5000
1700
1800

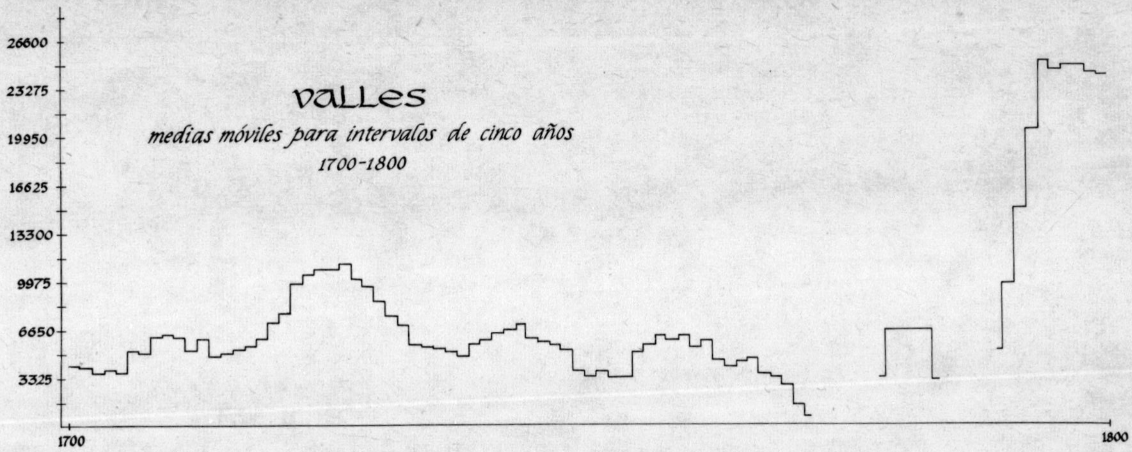
VALLES
medias móviles para intervalos de cinco años
1700-1800
26600
23275
19950
16625
13300
9975
6650
3325
1700
1800

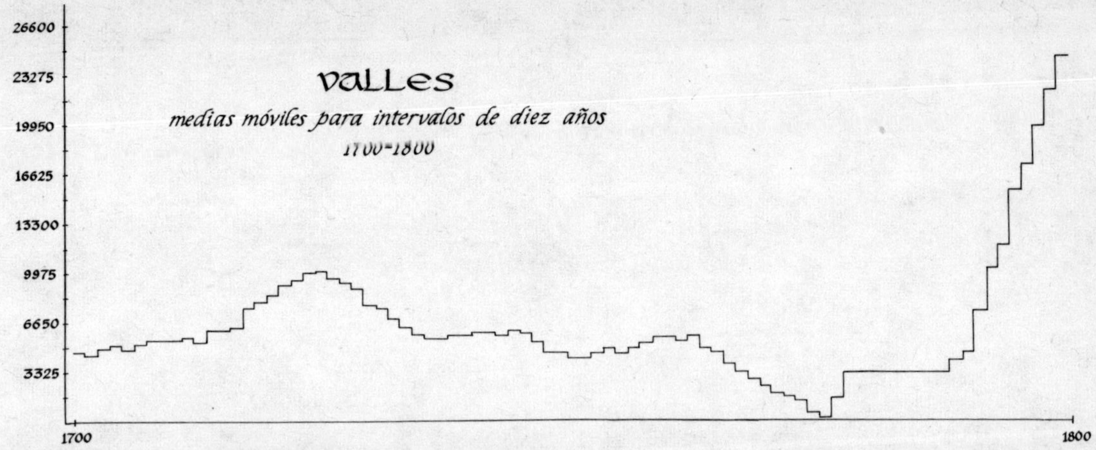
VALLES
medias móviles para intervalos de diez años
1700-1800
26600
23275
19950
16625
13300
9975
6650
3325
1700
1800

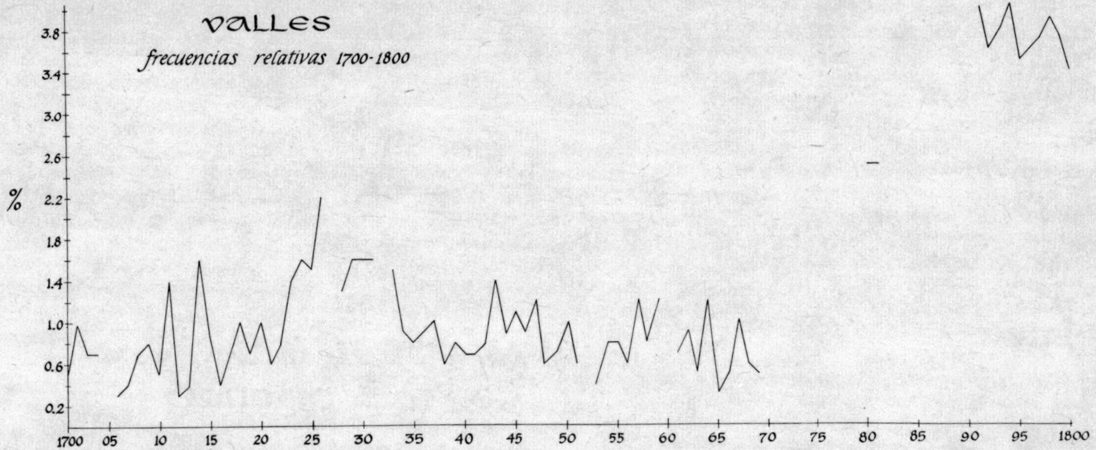

VALLES
frecuencias relativas 1700-1800
%
3.8
3.4
3.0
2.6
2.2
1.8
1.4
1.0
0.6
0.2
1700 05 10 15 20 25 30 35 40 45 50 55 60 65 70 75 80 85 90 95 1800

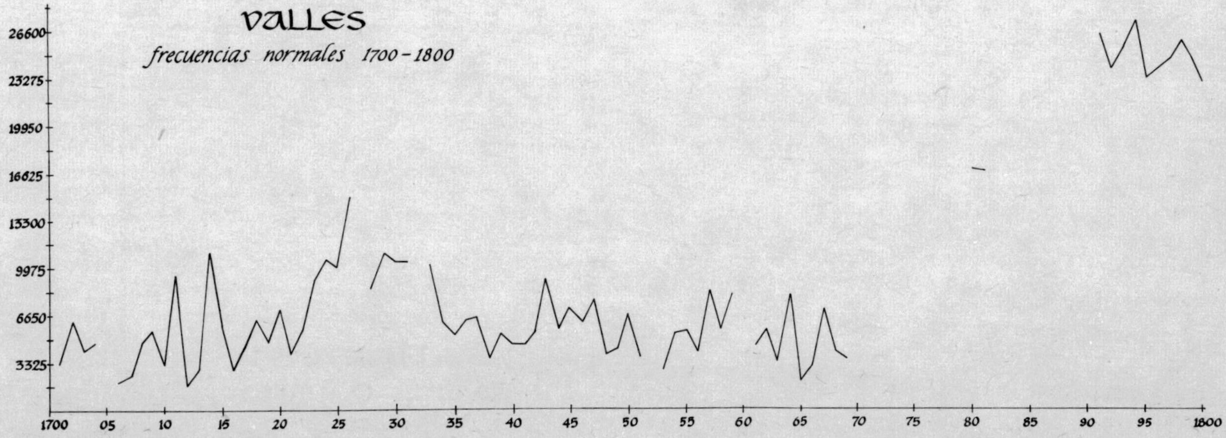

VALLES
frecuencias normales 1700-1800
26600
23275
19950
16625
13300
9975
6650
3325
1700 05 10 15 20 25 30 35 40 45 50 55 60 65 70 75 80 85 90 95 1800

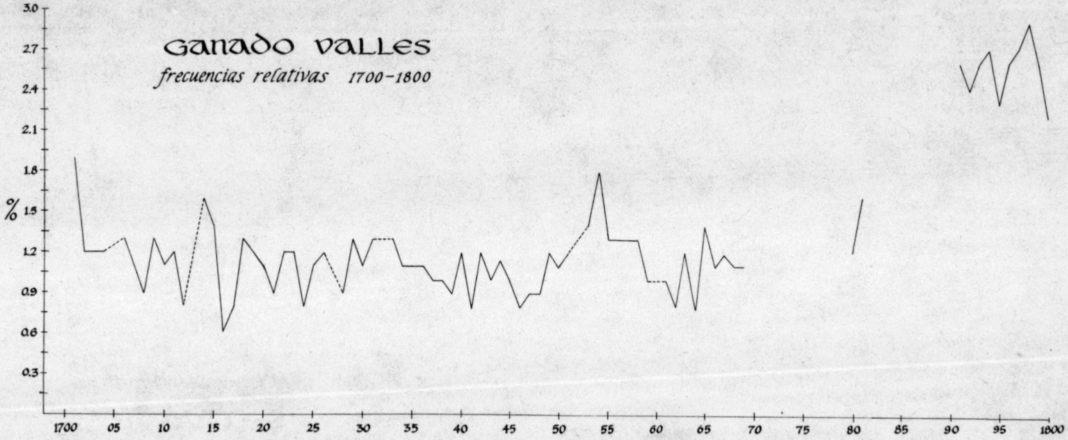
GANADO VALLES
frecuencias relativas 1700-1800
%
3.0
2.7
2.4
2.1
1.8
1.5
1.2
0.9
0.6
0.3
1700
05
10
15
20
25
30
35
40
45
50
55
60
65
70
75
80
85
90
95
1800

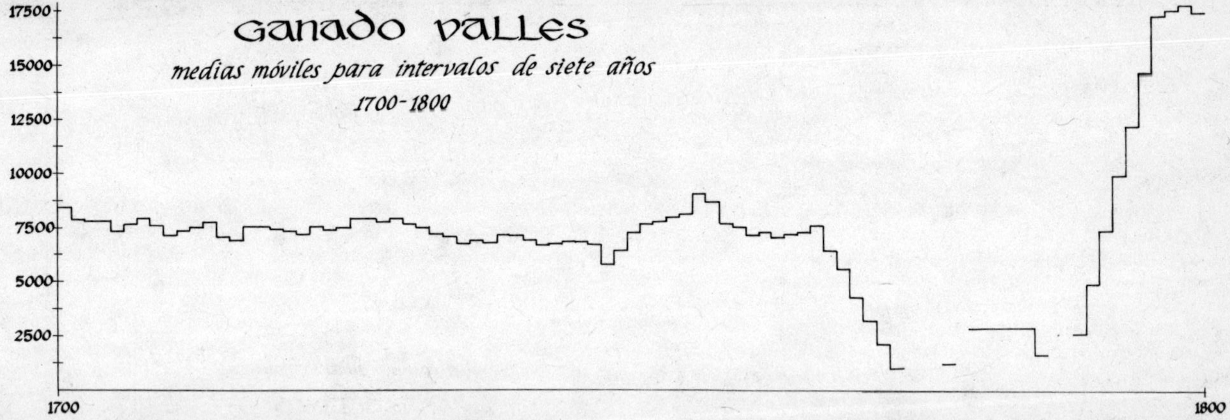
GANADO VALLES
medias móviles para intervalos de siete años
1700-1800
17500
15000
12500
10000
7500
5000
2500
1700
1800

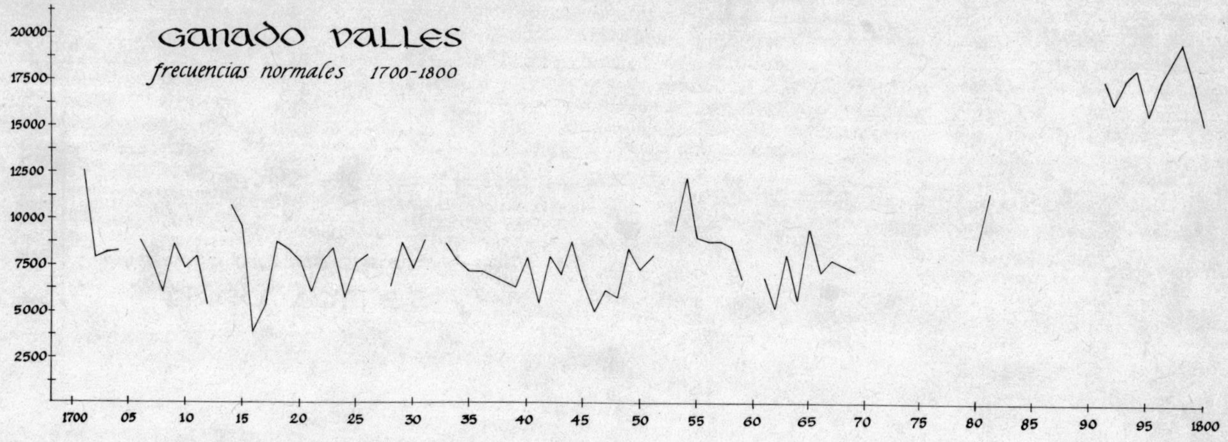
GANADO VALLES
frecuencias normales 1700-1800
20000
17500
15000
12500
10000
7500
5000
2500
1700
05
10
15
20
25
30
35
40
45
50
55
60
65
70
75
80
85
90
95
1800

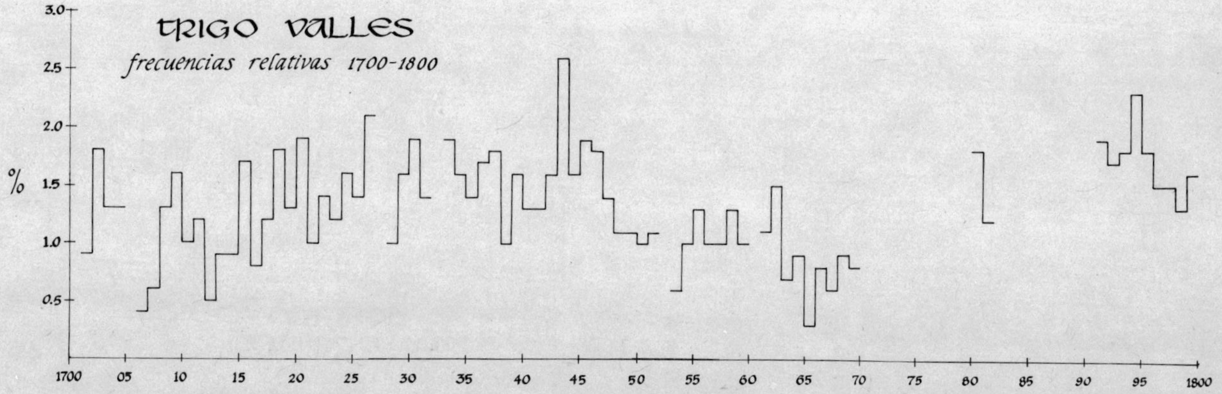
TRIGO VALLES
frecuencias relativas 1700-1800
3.0
2.5
2.0
%
1.5
1.0
0.5
1700
05
10
15
20
25
30
35
40
45
50
55
60
65
70
75
80
85
90
95
1800

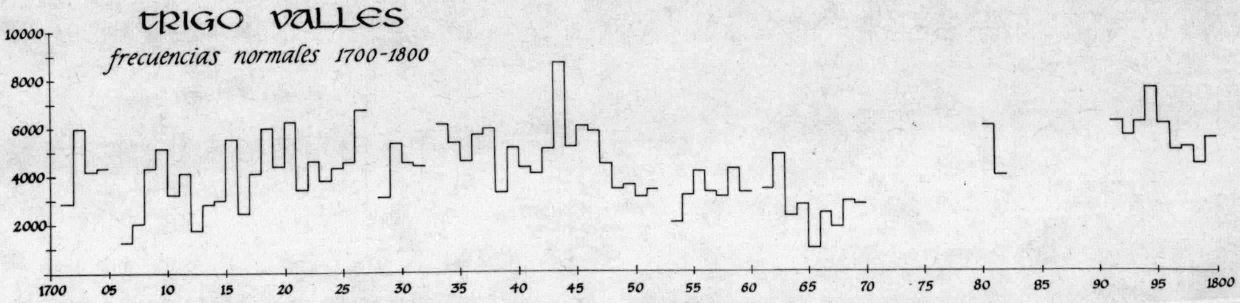
TRIGO VALLES
frecuencias normales 1700-1800
10000
8000
6000
4000
2000
1700
05
10
15
20
25
30
35
40
45
50
55
60
65
70
75
80
85
90
95
1800

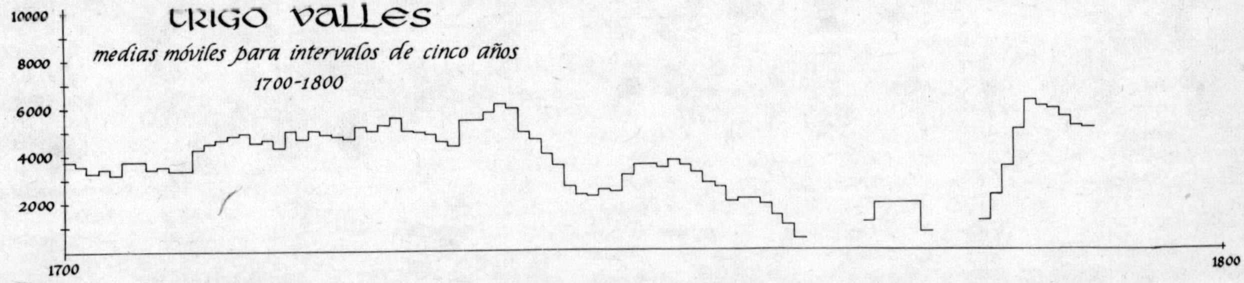
TRIGO VALLES
medias móviles para intervalos de cinco años
1700-1800
10000
8000
6000
4000
2000
1700
1800

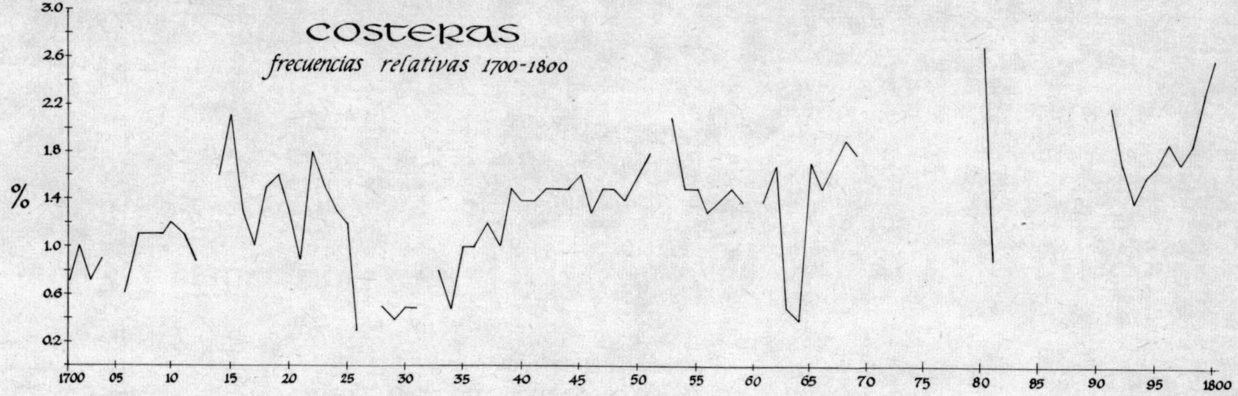

COSTERAS
frecuencias relativas 1700-1800
%
3.0
2.6
2.2
1.8
1.4
1.0
0.6
0.2
1700
05
10
15
20
25
30
35
40
45
50
55
60
65
70
75
80
85
90
95
1800

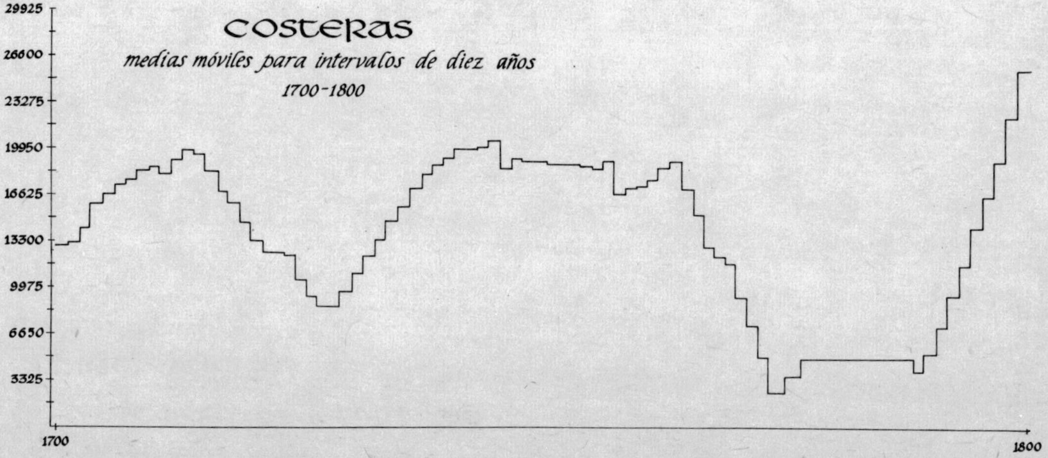

COSTERAS
medias móviles para intervalos de diez años
1700-1800
29925
26600
23275
19950
16625
13300
9975
6650
3325
1700
1800

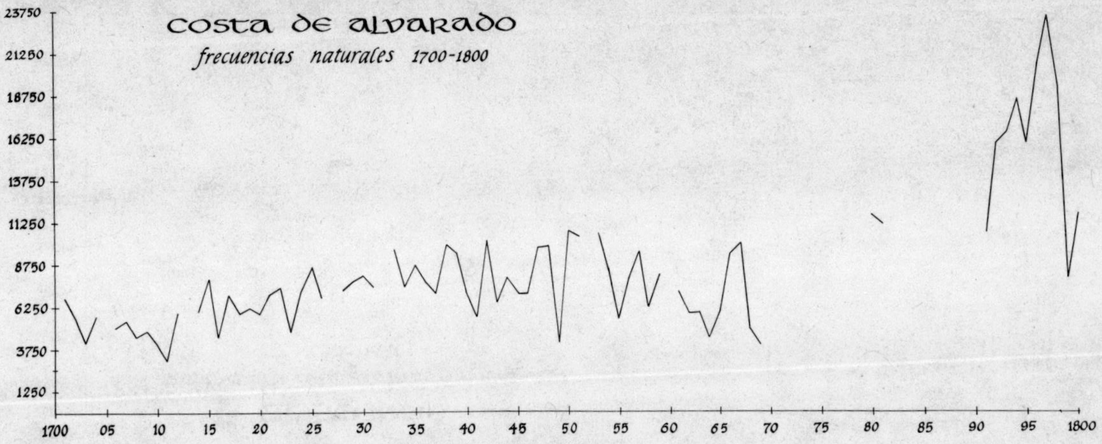
COSTA DE ALVARADO
frecuencias naturales 1700-1800
23750
21250
18750
16250
13750
11250
8750
6250
3750
1250
1700 05 10 15 20 25 30 35 40 45 50 55 60 65 70 75 80 85 90 95 1800

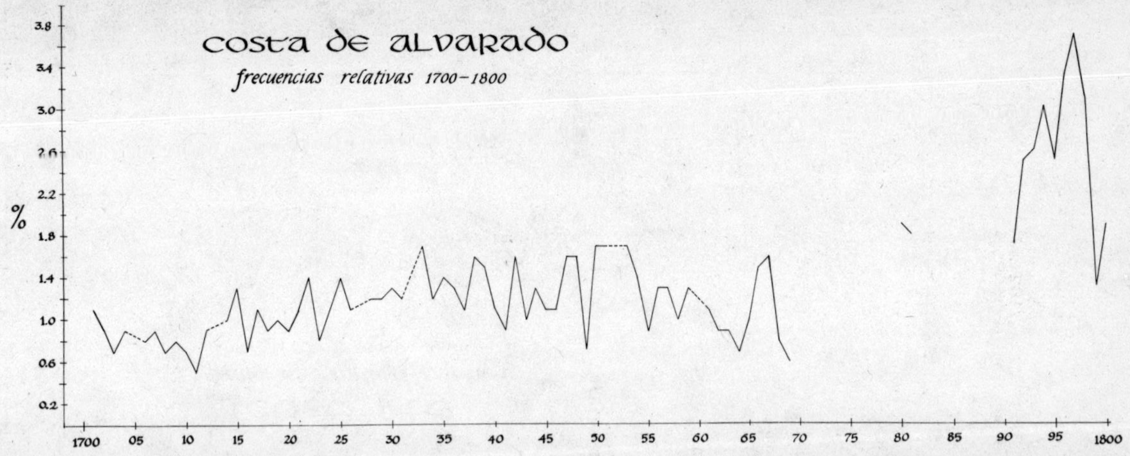
COSTA DE ALVARADO
frecuencias relativas 1700-1800
%
3.8
3.4
3.0
2.6
2.2
1.8
1.4
1.0
0.6
0.2
1700 05 10 15 20 25 30 35 40 45 50 55 60 65 70 75 80 85 90 95 1800

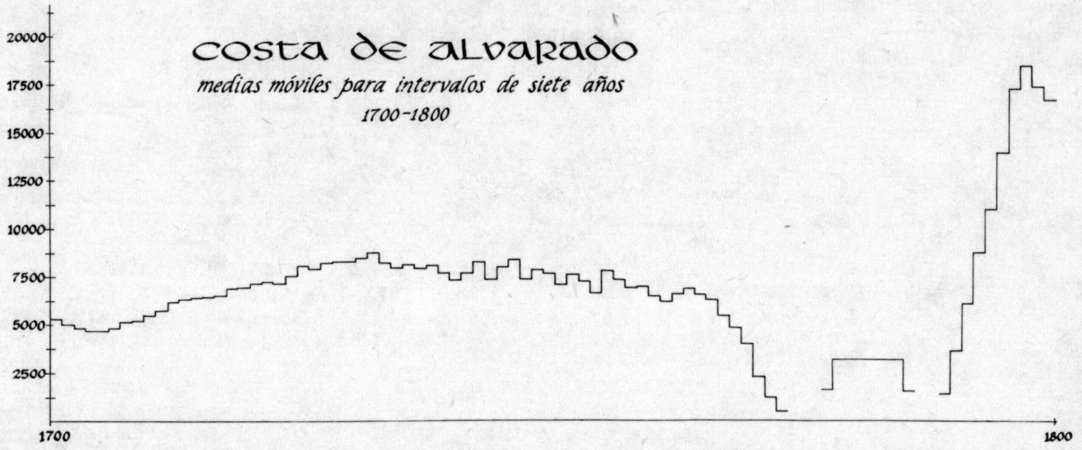
COSTA DE ALVARADO
medias móviles para intervalos de siete años
1700-1800
20000
17500
15000
12500
10000
7500
5000
2500
1700
1800

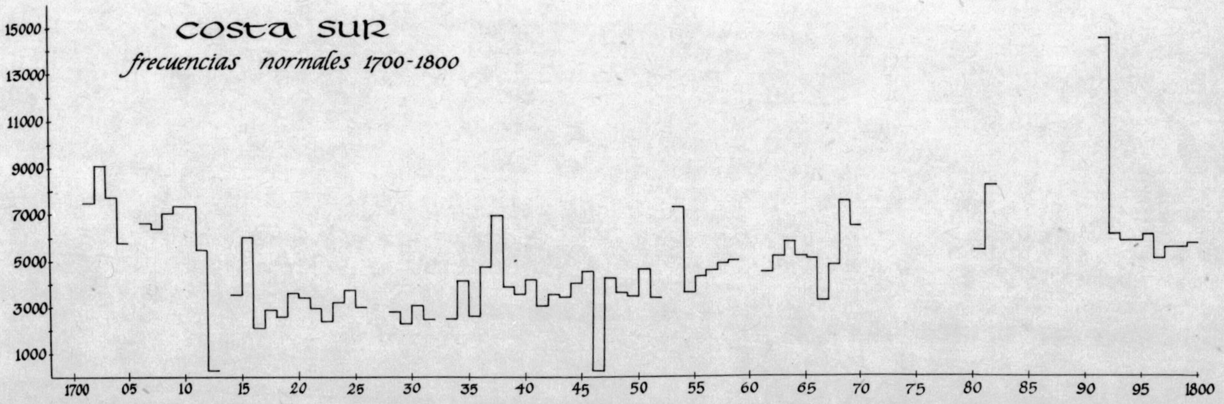
COSTA SUR
frecuencias normales 1700-1800
15000
13000
11000
9000
7000
5000
3000
1000
1700
05
10
15
20
25
30
35
40
45
50
55
60
65
70
75
80
85
90
95
1800

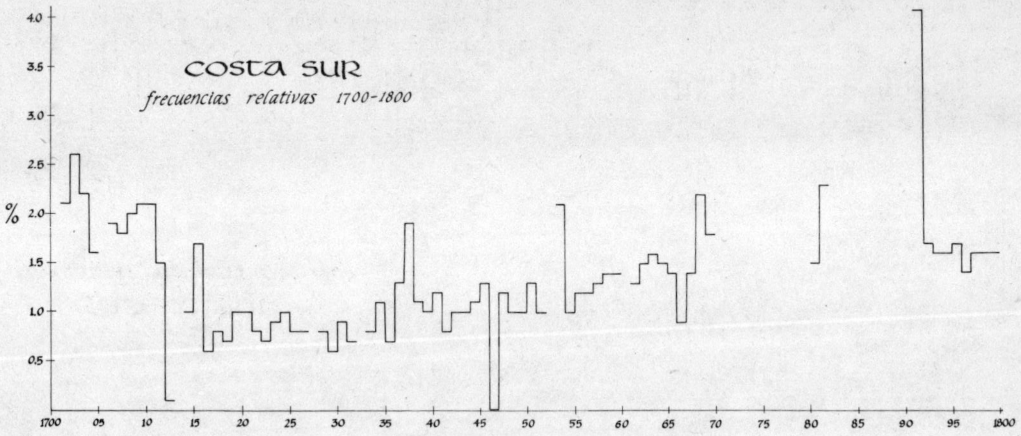
COSTA SUR
frecuencias relativas 1700-1800
%
4.0
3.5
3.0
2.5
2.0
1.5
1.0
0.5
1700
05
10
15
20
25
30
35
40
45
50
55
60
65
70
75
80
85
90
95
1800

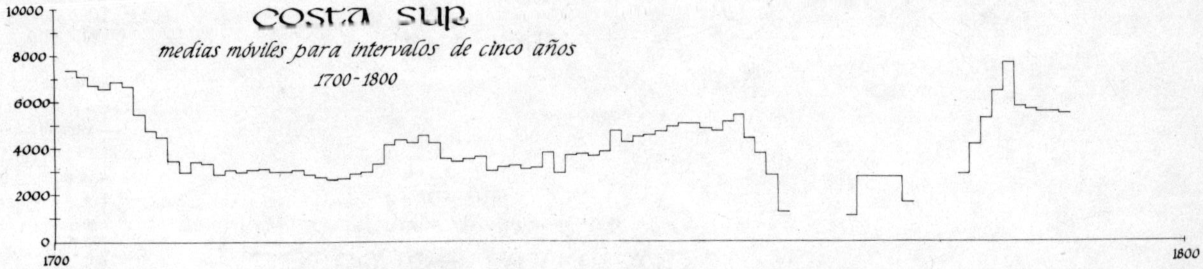
COSTA SUR
medias móviles para intervalos de cinco años
1700-1800
10000
8000
6000
4000
2000
0
1700
1800

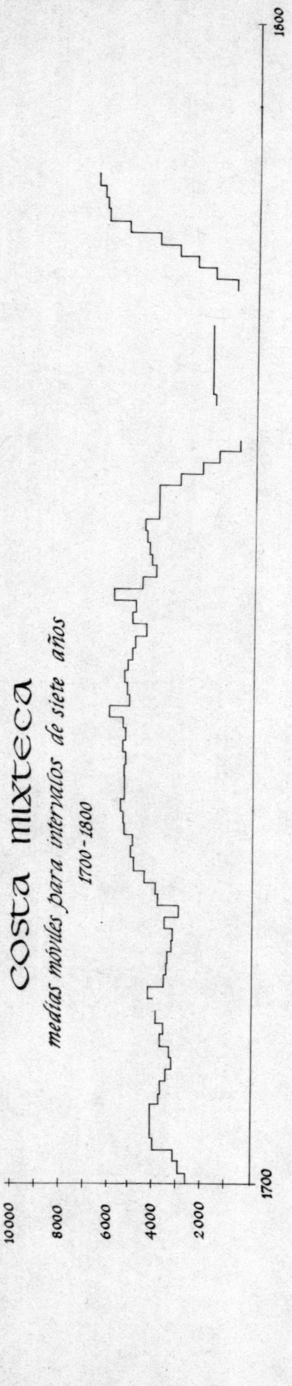
costa mixteca
medías móviles para intervalos de siete años
1700-1800
10000
8000
6000
4000
2000
1700
1800

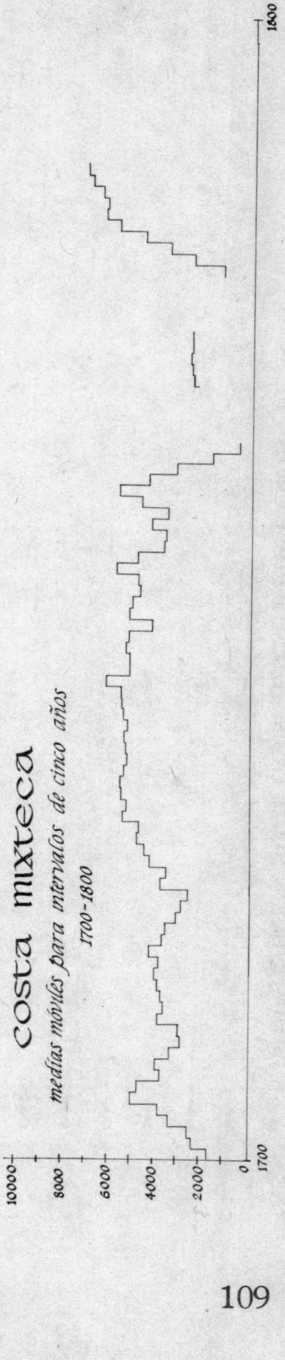
costa mixteca
medías móviles para intervalos de cinco años
1700-1800
10000
8000
6000
4000
2000
0
1700
1800

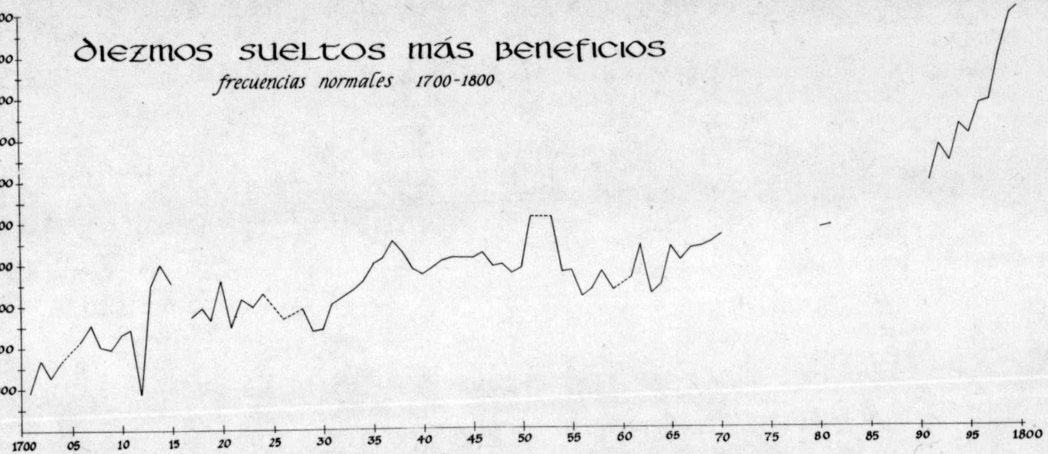
diezmos sueltos más beneficios
frecuencias normales 1700-1800
40000
36000
32000
28000
24000
20000
16000
12000
8000
4000
1700 05 10 15 20 25 30 35 40 45 50 55 60 65 70 75 80 85 90 95 1800

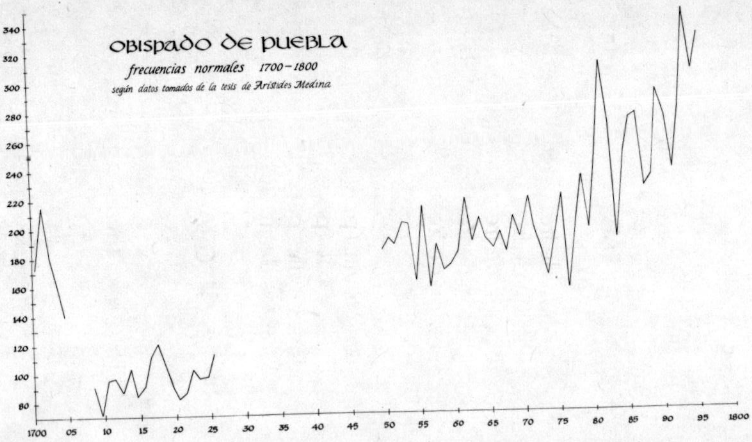
obispado de puebla
frecuencias normales 1700-1800
según datos tomados de la tesis de Arístides Medina
340
320
300
280
260
240
220
200
180
160
140
120
100
80
1700 05 10 15 20 25 30 35 40 45 50 55 60 65 70 75 80 85 90 95 1800

INDICE DE TABLAS:

INDICE DE GRAFICAS:

Fluctuaciones económicas en Oaxaca durante el siglo XVIII, de Rodolfo Pastor *et al.*, se terminó de imprimir en el mes de marzo de 1979 en los talleres de Offset Setenta, S. A., Víctor Hugo 99, México 13, D. F. Se tiraron 2.000 ejemplares más sobrantes para reposición. Cuidó de la edición el Departamento de Publicaciones de El Colegio de México.